西方文化地圖（下）

黃小燕 編著

簡明清晰的西方文化地圖，輕鬆愉快的文化之旅。
用問答方式介紹西方文化，
讓您輕鬆愉快閱讀西方文化與歷史，
用最少的時間，掌握最多的西方文化知識。

西方文化知識600問

歷史・哲學・文化拾遺篇

目錄

目錄

目錄

目錄

文化拾遺篇

目錄

哲學篇

哲學篇

1古希臘哲學的發展經歷了哪幾個歷史階段？

古希臘哲學大概經歷了三個不同的歷史階段。

第一，早期希臘哲學，即蘇格拉底以前的哲學。在這個萌芽時期，哲人們的注意力主要集中在對作為大宇宙的自然的探討，所以他們經常被稱為自然哲學家。德謨克里特的原子論是這一階段的最高成就。

第二，古典時期的希臘哲學，這是希臘哲學的鼎盛時期。在這一時期產生了一大批在整個人類科學史上影響深遠的歷史人物，包括蘇格拉底、柏拉圖和亞里士多德。他們對真理、意見、小宇宙及哲學的性質等廣泛的問題進行了深入而卓有成效的研究，是古希臘文化的最高峰。

第三，晚期希臘哲學。亞里士多德死後，古代希臘社會進入了動盪的時期。哲學隨希臘文化的傳播在地域上有所擴大。但社會制度的沒落，腐蝕了哲學的創新精神，它只是沿襲以前各派哲學的基本論點，適應當時的需要來構造自己的理論。不過即使在末期，希臘哲學仍然保持著自身的特點，它面向自然，維護理性，與新興基督教的愚昧不惜作流血的鬥爭，但最終由於皈依基督教的皇權的鎮壓而滅亡。

2什麼是米利都學派，其代表人物有哪些？

米利都位於愛琴海東岸，是希臘人在亞細亞殖民地伊奧尼亞地區的一個城市。這個城市孕育的一批哲學家以及他們的哲學思想，被稱為米利都學派。米利都學派是古希臘哲學中的第一個學派。其主要代表人物有泰利斯、阿那克西曼德和阿那克西美尼。他們開始把自然作為研究對象，探索宇宙萬物到底從哪裡開始。他們把某種有形體的東西，如水、空氣作為萬物的始點，宇宙之本源。自然中的一切東西，軟的，硬的，冷的，熱的，都是通過轉化從同一個本源中派生出來的。由於他們第一個提出宇宙本源問題，所以被公認為西方第一代哲學家。

米利都城於西元前四九四年為波斯人所攻陷，被夷為平地。

3什麼是畢達哥拉斯學派，其主要代表人物及哲學思想是什麼？

畢達哥拉斯是古希臘著名哲學家，古代作家常把他描繪成一個半人半神的形象。他在南義大利克羅托內城招收門徒，成立了一個集哲學、宗教和政治於一體的團體，被稱為畢達哥拉斯學派，其重要哲學思想是數目論和靈魂不死論。

畢達哥拉斯學派的影響廣泛而久遠，畢達哥拉斯死後，又分為數理派和信條派，其重要成員有克羅托內的阿爾克邁翁、費勞羅斯，卡爾西狄亞人克塞諾非洛，費雷馬斯人潘多、艾赫克拉底、帝奧克勒斯以及波利納斯托、費羅勞斯、歐呂多等。

畢達哥拉斯

畢達哥拉斯學派的主要哲學思想包括數目論和靈魂不死論。他們認為一切皆源於「數」，一切可以認識的事物都包含著數，沒有數，任何事物都不可能被思維或被認識。無限量偶數，「萬物都是成雙的，任何對偶的事物都可以平分，相等兩部分的平分可以無限進行下去，因為這種平分可以無限進行。但是如果增加到奇數，平分就會成為有限，就會使無限的二分終結。」

他們認為，靈魂是一種永恆運動的自動的實體，所以它是不朽的，並類似於神，而且靈魂能夠轉移到其他生物體中。已經發生過的事物還會以循環的方式重新發生，沒有什麼純新的事物，一切生物都是同類的。當人的肉體死亡後，他的靈魂則進入了正在此時降生的另一動物體內。當靈魂完成了由乾燥的陸生物到海生物再到翼生物的一次完整輪迴後，它就將再一次進入另一將要出世的人的肉體內，阿爾克邁翁說：「人們由於不能將開端和終點連結起來而死亡」。

4什麼是原子論，其主要代表人物有哪些？

原子論是希臘哲學早期自然哲學的最高成就，它通過具有不同形體的不可分割的原子和虛空的組合，成功地解釋了自然現象的五光十色和千變萬化，是西方哲學史中唯物主義路線的最早代表，與以後的柏拉圖主義相對立，其奠基人分別是留基波和德謨克里特。

原子論者認為充實和虛空是本源。充實是存在，虛空是不存在。這二者一起構成萬物的質料因。原子間的區別是生成其他事物的原因，這種區別共有三種，即形狀、次序和位置。原子非常小，以至於它們不能為感官所感知。它們在數量上無限，不可分割。

同時，留基波這樣描述世界的生成：許多具有各種形狀的物體由於來自無限的劇烈運動而移入一個大的虛空。它們聚集在一起，形成一個漩渦。在這個漩渦裡，物體相互撞擊，以各種方式旋轉不休，爾後開始分離，同類相聚。當它們數量眾多以至於無法均衡地旋轉時，輕的物體就像過了篩似的被拋到周圍的虛空，而其餘的則留在中心，更緊密地結合起來，變成可觸摸的東西。久而久之，大地便形成了。

5 蘇格拉底在西方哲學史中居於怎樣的地位，其關於真理問題的基本論述是什麼？

蘇格拉底可以說是西方哲學史中出現的第一座令人萬分景仰的高山。他給後世留下了許多軼事和道德格言，但卻沒有寫下任何著作。他被稱為西方「三賢」之一，其思想對後來者如柏拉圖、亞里士多德產生了直接而深刻的影響。

西元前五世紀末，希臘特別是雅典社會混亂，道德滑落，極須有人整頓這個時代思想和道德的混亂狀態，分辨真偽，把人們引上正確的道路，幫助他們看清事物之間正確的關係。這就需要一個能夠在極端保守派和極端自由派之間掌握裁決權的調解者，蘇格拉底就是這樣的人。他是西方思想史上最偉大的人物之一，他的觀念和理想統治西方文明達兩千多年，而且持續影響至今天。

蘇格拉底

在真理問題上，蘇格拉底最關心的是反駁智者學派的論點。他的目標不是建立一個哲學體系，而是激發人們愛真理和德性，幫助他們進行正確的思維，以便他們過正常的生活。他認為要把握真理，不能輕信出現於頭腦中的偶然意見。我們頭腦裡充滿混亂、模糊和空洞的思想。事實上，我們根本沒有知識，沒有信念。「認識你自己」是他留給後人的著名箴言。

6什麼是柏拉圖學派，如何認識柏拉圖在西方哲學史中的地位？

柏拉圖死後，他所建立的學園由其弟子繼續舉辦。最初這個學派承襲柏拉圖晚年所採納的畢達哥拉斯學派的學說，認為理念就是數。它還注重倫理學的研究。這一時期的柏拉圖學派被稱為老學園，它的代表人物有斯彪西波、色諾克拉提等。後來阿爾凱西勞斯把懷疑論引入學園，建立了中期學園，西元前一五六年卡爾尼阿德建立新學園。

柏拉圖繼承了蘇格拉底的事業，他把研究的範圍從倫理學擴展到整個世界，把蘇格拉底所尋求的普遍定義發展為理念，創立了一個理念世界。柏拉圖建立了一個龐大的、與其後學科沒有分化的宏觀唯心主義體系，成為西方唯心主義思潮的創始人。柏拉圖哲學對以後西方哲學的發展產生了強烈影響，他以後的各個派別不是直接師承他的某一學說，就是在批判改造的基礎上發展了他的另一學說。我們看到，柏拉圖的唯心主義一直到現在，在全歐洲的哲學中，仍不失為一股有生氣的力量。

7什麼是「理念論」，它在柏拉圖哲學思想中的地位如何？

所謂理念，即各種具體事物的一般形式，如勇敢的人、勇敢的行為、勇敢的品質，這些事物的「理念」是「勇敢」這一共同本性。柏拉圖把這種存在於人們主觀世界的一般的東西稱之為理念。理念論是柏拉圖哲學的核心，是他研究一切哲學問題的出發點。他認為只有理念才是真實的存在，因為它獨立於人們的認識和事物之外，構成了一個客觀獨立存在的理念世界，任何個別事物只是理念的「分有」。他們之所以存在，是因為它們分享了理念，是理念的「影子」，是「分有」理念的結果。其主要特徵有：

1.絕對實在。只有理念是真實存在且不變。
2.多中之一。理念是許多個別事物之共同本質。
3.事物的目的。理念是絕對完滿的、純粹的，是具體事物追求的目標。
4.知識的對象。具體事物是感官的對象，從中只能獲得意見，只有從理念中才能獲得知識。
5.真理的標準。事物真實性的評判視距離理念的遠近而定。越近者越真實，越遠者越虛幻。

8 如何把握柏拉圖的認識論和辯證法？

柏拉圖的認識論把世界分成兩個，即可見世界和理念世界。前者是「意見」的對象，後者是「知識」的對象。同時，他提出「認識就是回憶」的學說。他認為，人的靈魂和理念一樣是先於肉體而存在，永恆不朽。靈魂在進入肉體前就居於理念世界中，對理念有了認識。然而當靈魂進入肉體後，就忘記了原有的知識，它只有重新「學習」，才能獲得原有的知識。所謂學習，就是把生前已知道而現在忘記的知識重新回憶起來。「回憶說」可稱為西方哲學史上第一個較為系統的唯心主義先驗論。

柏拉圖

柏拉圖對辯證法的產生與形成也做出了貢獻，他認為真正的認識應該擺脫一切感性事物，僅僅與理念有關。他把這種真正的知識稱之為辯證法，認為它是最高等級的知識，即關於善的知識，它指導人的倫理行為。柏拉圖辯證法的特徵是，它要求完全撇開感性事物，從理念出發並根據理念來揭露理念之間的矛盾關係，最後排除矛盾，上升到沒有矛盾的最高理念。它實際描述了從多出發，最後達到統一的思想進程，常被稱為概念的辯證法。它對黑格爾辯證法產生了積極影響。

9什麼是「逍遙學派」？

西元前三三五年，亞里士多德在雅典創辦了一所學校，從事教學十二、三年。他常和學生一起在林蔭道上邊散步邊講學，因此被稱為「逍遙學派」。

亞里士多德死後，其學生繼承了他的思想，其中許多人能夠獨立思考，「逍遙學派」興盛一時。西元前二六九年，呂科接替斯特拉托作為領導人以後，「逍遙學派」失去了重要地位，亞里士多德的著作被人忽視。到西元前一世紀，這個學派轉向文字審定和解釋工作，一直延續很多世紀。依靠這種工作，亞里士多德的著作才得以保存下來。

亞里士多德把科學分成四大類：邏輯學，它是求知的工具；理論科學，是以求知本身為目的科學，分成第一哲學、數學和物理學；實踐科學，它探求作為人的行為標準的知識；製作科學，它尋求製作有實用價值的東西與有藝術價值的知識。

亞里士多德又進一步把第一哲學與其他科學區分開來。他說，第一哲學專門研究存在本身，以及存在本身具有的各種屬性，也就是說，哲學研究客觀自然界中一切事物的產生、滅亡、運動、變化的最根本最原始的原因，他稱之為「第一因」。哲學就是關於第一因的學問，所以稱為第一哲學，第一哲學包含了關於實體的學說、四因說、形式質料說及潛能和現實說。

亞里士多德批判了柏拉圖的理論，認為要說明事物的存在，必須在現實事物之內尋找原因。

亞里士多德哲學院

質料因、形式因、動力因、目的因是事物產生、變化和發展的四個最基本原因。質料因就是構成每一事物的原始質料，它本身不是一種特殊的事物，沒有任何特殊的規定性；形式因指事物的形式結構，用以說明事物的本質；動力因指使一定的質料取得一定形式結構的力量，也就是把某一具體事物的變化看成製造者；目的因指一具體事物之所以為形式所追求的那種東西，也就是它是為什麼目的而產生的。任何事物的形成都離不開上述四個原因。但歸根結底，四因又可最後歸結為質料因和形式因，因為事物變化的動力，在於它們追求一定的目的，這個目的就是要獲得確定的形式，所以動力因和目的因最終也是形式因。

亞里士多德是在總結和批判以往希臘各派學說的基礎上才提出四因說的。他認為從米利都學派至德謨克里特以來的唯物主義派別都強調物質是萬物的原因，他們實際上只抓住了質料因。畢達哥拉斯學派和柏拉圖分別以數和理念為萬物本源，他們只強調形式因。

亞里士多德的四因說從事物內部尋求事物存在和運動變化的原因，體現了樸素唯物主義和辯證法因素。同時，他的四因說又具有明顯的折衷主義傾向。如質料因是西方哲學史上第一次較為明確地提出的一個物質概念，亞里士多德一方面認為它是根本性的，另一方面又認為它是被動的和自身不動的，只有依靠形式才能成為事物，這就為唯心主義打開了方便之門，所以說他兼具唯物主義與唯心主義傾向。

亞里士多德指出，形式和質料的關係又可看作潛能與現實的關係。質料形式化，就是從潛在的東西發展到現實的東西的過程，質料是變化的起點，形式是變化的終點。從潛能成為現實，就是事物的完成，或達到了它自身的目的。他把潛能到現實的過渡稱為運動，認為事物的生成變化不是從無到有，而是從潛在的存在到實在的存在。他認為潛能和現實的範疇很好地解決了自古以來關於運動變化問題的爭論。潛能與現實的思想是西方哲學史上最早提出的關於可能性與現實性的思想。

不過，亞里士多德又表現出了唯心主義傾向。他認為，如果不斷追問事物的目的因，就可以發現每個事物都在追求一個更高層次的目的或形式，如此向上推，可以推到一個最終的目的和形式，叫做「原始動因」或「第一動因」，這是一個永恆不變的獨立實體，這個實體就是神。神本身不生不滅，是一切變化的根源，既是萬物追求的目的，又是萬物產生的動力。神既是善的，又是永恆的理性，自我思維的理性。亞里士多德的第一推動者的學說對中世紀和文藝復興時期的哲學產生了很大影響。

10伊比鳩魯的原子論與德謨克里特的原子唯物論有何異同？

伊比鳩魯深受德謨克里特的影響，他完全接受了德謨克里特的唯物主義立場。他認為任何東西都不會從不存在的東西中產生出來，物質界是客觀存在、永恆和不可消滅的。宇宙由形體和虛空組成，構成形體複合物的是原子。原子最基本的屬性在於它是不可分的，不變的，完全堅固的。虛空是完全空虛的東西，為原子活動提供場所。原子形狀不同，每一形狀的原子在數目上又是無限的，原子在虛空中不斷運動和變化。一切物體都是由不同形狀的原子結合而形成的。原子、原子構成的物體和虛空都是無限的，所以宇宙也是無限的。

不過伊比鳩魯在幾個方面修正了德謨克里特的原子論。首先，他認為原子除大小形狀上的差異外，還有重量上的差別。這表明他已知道區分體積和重量。其次，他指出原子本身既然有重量，在虛空中就必然下落，所以原子的重量是原子自己運動的原因。這就進一步體現了原子自動的觀點。最後，他提出了原子運動的偏離說。原子在下降的過程中由於自身原因可以脫離原來的軌跡向旁邊傾斜，正是這種偏離運動，引起原子之間的相互碰撞而結合成萬物，形成無限的宇宙。

伊比鳩魯體現了希臘哲學中原子論思想的最高成就。

11斯多阿學派的主要哲學思想是什麼？

斯多阿學派與伊比鳩魯同時，芝諾為其創始人。該學派堅決反對伊比鳩魯的原子論、無神論和快樂論，提倡一種以宿命論為中心的倫理學。

他們認為，人是宇宙的一部分，人的本性也是宇宙本性的一部分。宇宙的本性在於受理性的統治和支配，所以人的本性也就是理性。順應本性的生活體現了人的美德。和宇宙一樣，人的生活也受必然的、命定的理性規律支配，一切都是預先決定的，任何反抗都無濟於事。

在認識論上，斯多阿學派著重研究了知識的起源和真理的標準問題。他們認為一切知識都起源於對個別事物的感覺，感覺是知識的基礎。感覺多了，就能通過記憶積累起許多知覺，構成對事物的經驗。然後根據知覺進行推理，發揮理性的作用，才會在心靈中形成概念，再通過語言表達出來。他們還把感覺當做檢驗真理的標準。

在說明宇宙萬物的產生時，斯多阿學派把火看作原始的基質，認為上帝就是原始的火，它滲透到被動的、惰性的質料中去，使之生成宇宙萬物。原始的火即是宇宙的原動力，是生成變化的源泉，又是合理性、合目的的，這樣便使宇宙成為一個活生生的、和諧有序的體系。

他們還提出世界大火和世界輪迴說。宇宙由火起始而生萬物，經過一段時間又為另一場大火所焚燒，萬物重新復歸為原始的火，然後又經歷一段時間，形成一個新世界。如此周而復始，循環不已，每一個世界都與前一個世界相似。這成為基督教「世界末日論」和「最後審判」等教義的理論基礎。

12什麼是教父哲學，其主要代表人物有哪些？

教父哲學就是早期的教會神父們所制定的基督教教義和對於這些教義的哲學解釋和辯護。教父哲學和經院哲學沒有本質上的區別，它是歐洲經院哲學的前身和萌芽，而經院哲學是在教父哲學基礎上發展起來的更加系統化更加繁瑣的哲學體系。

奧古斯丁

教父哲學的本質在於從理論上論證和捍衛基督教信仰。根據教父活動的時間和區域，人們把他們分為希臘教父和拉丁教父。在時間上，希臘教父先於拉丁教父；在理論上，希臘教父注重理論，注重形而上學，而拉丁教父則比較注重實踐與倫理。

教父哲學的代表人物有德爾圖良和奧古斯丁。其中奧古斯丁是教父哲學的集大成者，是教父哲學的最高權威。

奧古斯丁的主要哲學思想包括上帝說、創世說、原罪說、三位一體說等。

奧古斯丁認為上帝是全智全能和絕對自由的，上帝的創造力是無限的，根本無需現存的質料，就可以從虛無中創造出世界來。他主張「三位一體」說，認為上帝具有三個不同「位格」，即聖父、聖子、聖靈，這三個「位格」雖各有其獨立性，但它們卻是同一本體，即上帝，而不是相互分離的三個神。他宣揚「原罪」說，認為人類始祖犯了罪，因而人人都是天生的罪人。人在一生中要忍受苦難，進行贖罪，但不能自救，只有信仰上帝，依靠上帝的恩典，才能得救。他還提出了預定論和命定論，聲稱一切都是上帝預先安排的，沒有天命連一根頭髮也不會從頭上掉下來。窮人受苦，富人享福，都是上帝的安排，是天命，而且永遠不會改變。

奧古斯丁認為，認識的對象是上帝，人的知識就是關於上帝的知識，一切與上帝無關的知識都是不需要的。他強調理性在認識中的作用，主張信仰和理性都要為神學服務，但認為信仰是一種超自然的啟示，是上帝的恩賜，而理性只解釋信仰，只在於加強信仰。

奧古斯丁認為上帝創造了兩座城：上帝之城和當世之城。前者是「幸福的天國」，它由上帝所選擇的得救的人構成；後者是痛苦的世界，它由上帝確定要打入毀滅的人構成。他還認為，教會是上帝在當世的代表，因此教會的權力高於世俗的權力，國家必須服從教會。

13為什麼愛留根納被稱為「中世紀哲學之父」？

愛留根納是經院哲學的先驅，他建立了中世紀第一個完整的唯心主義體系，為經院哲學全盛時期的到來奠定了基礎。

愛留根納是基督教內部第一個明確指出信仰應該服從理性的哲學家。他並不否認聖經和教父們的權威，但他認為對聖經只能做諷喻的解釋。他主張信仰與理性的統一，神學與哲學的統一；認為啟示和理性都是真理的來源，宗教和哲學具有同等的權威，理性和啟示不可能互相矛盾。但他認為理性和啟示一旦出現了矛盾的時候，那就應當採取理性。

愛留根納認為上帝和它的制定物並不是兩種不同的互相分離的事物，而是一個唯一的和同一的事物。上帝是萬物的真實本質，它內在於萬物之中，而萬物則是上帝的外在顯現，它們就存在於上帝之中。上帝即萬物，萬物即上帝。

愛留根納肯定上帝是最高的和唯一的存在，認為神是不可分的整體，一切都是神創造出來的，最終又回到神那裡去。這種以神為中心的統一的整體就是「自然」。自然是包括存在與非存在、上帝與萬物、物質與精神在內的一切實在的總和，共包括四種形式：上帝、上帝的理念、自然界中個別事物的總和、作為萬物歸宿和目的的上帝。這實際上描述了萬物從上帝中流溢出來，又復歸於上帝的過程。

愛留根納對中世紀哲學產生深遠影響，他關於理念是萬物的原型、事物是理念的實在化的觀點，後來發展為經院哲學中的實在論。而他的泛神論，如崇尚理性、反對權威的思想，則成了後來反正統經院哲學的異端思潮的一個重要理論來源。

14經院哲學的特徵是什麼？

經院哲學是教會學校裡講授的基督教哲學。從歷史的聯繫來看，它是羅馬帝國時期教父哲學的繼續和發展。經院哲學和教父哲學都是基督教的神學理論。但經院哲學作為中世紀的封建主階級的哲學，又有自己的特點。

聖家族

第一，經院哲學家申明哲學的唯一研究對象是上帝和《聖經》。它的基本任務是運用思辨的邏輯，為上帝和《聖經》教條作論證，使之系統化和理論化。

第二，經院哲學家把《聖經》和其他神學著作奉為至高無上的權威和永恆不變的真理，盲目地加以崇拜。

第三，經院哲學家運用演繹推理，對既定神學教條進行空洞煩瑣的論證，是形式主義和煩瑣論證的典型。

第四，經院哲學從形成之時，內部就有不同的派別和觀點的鬥爭，形成了唯名論和實在論兩個基本的派別。

15 什麼是「唯名論」，其早期主要代表人物有哪些？

「唯名論」是經院哲學內部一個基本的派別。經院哲學從一開始，就圍繞著一般與個別的關系問題展開了一場爭論。其中，「唯名論」者認為只有個別事物才是真實的客觀存在，一般僅僅是人們用來表示個別事物的名稱、概念、符號，它只存在於人們的思維和語言中，因此不是一般先於個別事物，而是個別事物先於一般。

「唯名論」早期著名代表人物有羅瑟林和阿伯拉爾。其中羅瑟林被稱為是極端唯名論者。他認為個別事物才是客觀實在的東西，而所謂一般或共同既不是客觀存在，也不是真正的理性概念，而只是空洞的名稱、記號。他說，存在的只是個別的人，人的「類」只不過是代表一般的名稱或記號。羅瑟林從極端唯名論的觀點出發，對基督教最重要的信條「三位一體」說進行了猛烈的抨擊。他認為，「三位一體」的上帝是沒有的，它只不過是一個名稱。聖父、聖子、聖靈這三位，依其本性來說，只能是不同的三個個別的實體，而不可能是一個實體。既然如此，他們就是三個神，而不是一個神。這種觀點實質上否定了基督教的一神論和上帝的絕對性。

阿伯拉爾力求通過所謂「合理的論證」來鞏固人們對上帝的信仰。但他反對安瑟倫的「信仰而後理解」的主張，推出「理解而後信仰」的觀點。他也認為個別先於一般而存在，一般只是名詞。但是他認為一般並不是空洞的名詞或聲音，而是有意義、有內容的名詞，即概念。他的這種觀點被稱為「概念論」。

16 什麼是「實在論」，其早期的代表人物有哪些？

實在論是與唯名論相對的經院哲學中的一個派別。其回答一般與個別關係的觀點與唯名論正好相反，實在論認為，一般是獨立於個別事物的客觀「實在」，並且先於個別事物而存在，個別事物是由一般派生出來的，因此，一般比個別事物更根本、更實在。

早期實在論的著名代表是安瑟倫，被稱為「最後一個教父和第一個經院哲學家」。他明確提出了信仰高於理性、理性服從信仰的原則。他斷言上帝是把理性交給信仰使喚的，人們絕不先求理解，然後再信仰，而是先信仰，再求理解。在他看來，基督教教義是不容懷疑的真理，只能憑信仰去相信。哲學的任務就是在信仰的前提下為教義提供「可以理解」的證明，對於理性不能做出合理論證的教義，就應當虔誠地信仰。

安瑟倫從信仰高於理性原則出發，提出了上帝存在的所謂「本體論證明」。他斷言，每個人心中都有一個上帝的概念，這個觀念本身就說明上帝是一個最完善的存在物。

安瑟倫依據他的「本體論證明」，論述了他的實在論觀點。他認為，既然「一般」不僅僅存在於人的心中，而且存在於現實中，它就是在個別事物之外獨立存在的實體。

17托馬斯是怎樣論證上帝存在的，其「上帝創世說」的主要內容是什麼？

托馬斯認為，上帝的本質已包含了存在，但這對於理性來說並不是直接自明的真理。上帝存在是確鑿無疑的事實，但上帝本身是我們無法認識的，因而對上帝不能作先天的證明，而只能作後天的證明，即從上帝的創造物上證明上帝的存在，他據此提出了五種證明。

托馬斯·阿奎那

第一，從事物的運動變化來論證。任何運動都由它之前的另一個運動所推動，推論下去必然有一個不受其他事物推動的第一推動者，它就是上帝。

第二，從原因和結果關係來論證。每一個事物不可能成為自身的原因，必以另一事物為原因。依次類推，必須有一個自身不依靠其他東西就能存在的第一原因，那就是上帝。

第三，以可能性與必然性關係來論證。他認為世界上有些事物是作為必然的事物而存在的。因此必定有一個自身具有必然性並使其他事物也具有必然性的存在，這個存在就是上帝。

第四，從事物中發現的真實性的等級來論證上帝存在。托馬斯認為，現實事物中存在著一個等級系列。既然有一個相比較的等級，那必定有一個最真實、最善良、最美好的存在者，是一切具體物的原因，即上帝。

第五，從世界的秩序和目的性來論證。他認為世界上的一切事物都是向著一個目標而活動的，表現出一定的目的性，而有目的的活動必須由理性的存在為指導，因而必定有一個智慧的存在者，一切自然事物都依靠它指引而趨向自己的目的。這個智慧的存在者就是上帝。

托馬斯從形式和質料的學說出發，論證了靈魂不滅的宗教信條。他認為，人也是質料和形式，即肉體和靈魂的統一體。在這個統一體中，靈魂居於支配地

《聖經》：耶穌進入耶路撒冷

基督教的象徵：十字架

位。人的靈魂是上帝創造的實體形式和純粹精神，它在人出生時就與肉體相結合，是推動和決定肉體的內在生命原則。在他看來，靈魂既有精神性，又有實體性，它不能被別的事物所破壞，不隨肉體的死亡而消失，也不能由自身而消失，因此靈魂是不死的。

托馬斯依據人是肉體和靈魂的統一體的觀點，論述了神學先驗論的認識論。他認為，人具有兩種認識能力，即感覺和理智。感覺的對象是個別和感性事物，感覺是知識的來源。認識的目的在於達到普遍的知識，而要從個別的感覺經驗中抽象出普遍的知識，就必須依靠能動的、具有抽象能力的理智，這種理智的能力是上帝在我們心靈中創造的「理智之光」。所以，他認為，理智知識來源於感性知識，但不能說感性知識是理智知識的全部原因。可見，托馬斯承認感性認識的作用，並企圖揭示理性認識的能動性，但他把理性認識加以神秘化了。

18 羅吉爾・培根的「唯名論」的含義是什麼?

羅吉爾・培根是一位自然科學家，他強調科學的對象是個別的具體事物，而不是抽象的「實體」、「本質」。因此，他否認一般的獨立實在，認為只有個別事物才是真實的存在。他說，自然界不是產生一般的馬，而是產生許許多多個別的馬。整個宇宙是由千差萬別的事物組成的。個別的存在是絕對的、無條件的，「一個個體比所有的一般結合在一起更實在」。但培根不同意早期唯名論者把一般歸之於思想的觀點，認為「共相只不過是幾個殊相的相似之點。」共相作為相似性存在於個別事物之中，不依賴於心靈，但他認為，它並不比個別事物更實在。

培根

羅吉爾．培根在認識論問題上，主張認識必須從實在的具體事物出發，而經驗則是知識的源泉。「沒有經驗，任何東西都不可能充分被認識」，在培根看來，經驗是可靠的。認識有推理和經驗兩種方法，推理的方法能夠得出結論，但並沒有證明其結論是確實可靠的，也沒有排除對它的懷疑，推理的知識也需要經驗來檢驗，只有經過經驗檢驗的知識才是確實可靠的知識。

培根所說的經驗不僅指感官知覺，更重要的是指科學實驗。他認為科學實驗高於感覺經驗，也高於思辯知識，只有通過科學實驗才能真實地了解自然界。當然，培根的思想中也有神學的因素。他曾宣稱科學研究愈充分就愈能論證神學，認為「神聖的啟示」也屬經驗之列。

羅吉爾．培根在認識論上與基督教會進行了激烈的爭論。他指出人類在掌握真理方面存在著四種主要障礙，即屈從於謬誤甚多，毫無價值的權威；習慣和影響；流行的偏見以及由於我們認識的驕妄虛誇而帶來的潛在的無知。

他指出，這四種謬誤同科學、理性、道德和幸福是勢不兩立的。凡是這些謬誤存在的地方，就沒有理性的影響，沒有真正的判斷，沒有法律的約束，真理被噓下了台，也就沒有人類的幸福，而是是非顛倒，罪惡流行，道德匿跡，虛偽統治。他認為，要獲得真正的知識，就必須掃除這四種障礙。

19 鄧斯．司各脫關於形式與物質、一般與個別關係的主要論述是什麼？

首先，司各脫認為世界上一切事物都是由形式和物質組成。物質是世界萬物統一的基礎，它先於形式而存在，因此物質在原則上完全能夠不依賴形式而存在。在現實中，物質和形式是合一的，物質是存在的基礎，形式賦予物質一定的現實性和個性。他認為，靈魂本身也是形式和物質的結合。在這裡，司各脫實際上提出了物質具有思維能力的猜測。

在一般與個別的關係上，司各脫認為，決定個別事物之間相互區別的是形式，而個性則是不可改變的最後形式。由此，他強調只有個別事物才是獨立於理智之外的最真實存在，而「一般」在理智之外實際上並不存在。但是他不贊成極端唯名論的觀點，而是承認個別事物有某種共同性，是共性和個性的統一。他把決定事物共性的形式叫做一般，認為事物的共性和個性的區別並不是兩種不同實體的區別，而只是形式的區別。

司各脫是英國唯物主義經驗論的傑出代表。他認為，人的理智對象不是上帝，而是可感覺的個別事物。我們的一切知識都是從感覺中產生的，人的理智好像一塊「白板」，在它上面沒有什麼天賦的觀念，理智的觀念都來源於對個別事物的感覺。

司各脫也肯定理智的作用，認為理性知識是從感性知識中概括出來的，理智高於感性。對象刺激感官，形成感覺經驗；理智以感覺經驗為依據，憑著自己的能力，做出具有真理性的判斷。

20什麼是「奧卡姆剃刀」？

「奧卡姆剃刀」是英國唯名論哲學家奧卡姆提出的「經濟原則」，在唯名論與實在論的鬥爭中，奧卡姆批評了實在論者從共相出發推論出個體存在的思想方法。在他看來，只有個體是真實的存在，共相沒有獨立的實在性，它不可能在個別事物之前出現，也不可能存在於個別事物之中，它只是人們設想出來的、存在於觀念中的一個東西。共相是符號，現實中沒有與這種符號相對應的對象。

針對正統經院哲學家依據實在論的觀點提出的無數「實體形式」、「本質」、「隱蔽的質」等東西，奧卡姆認為，它們對人們的認識是不必要的，它不但沒有把多樣性的事物解釋清楚，反而增加了比原有事物還要多的東西，而這些東西本身還有待於證明。因此，他提出了著名的「經濟原則」，認為能用較少的東西說明問題，那麼用較多的就成為無益之事，「如無必要，切勿增加實體」。他主張用「經濟原則」這把剃刀，把那些累贅的東西統統割掉，這就是哲學史上所謂的「奧卡姆剃刀」。

21文藝復興的含義及其歷史背景是什麼？

所謂文藝復興是指對希臘羅馬古典文化的復興，實際是歐洲新興市民階級通過復興古典文化的形式，在意識形態領域內發動的一場波瀾壯闊的反封建運動。它醞釀於十四世紀，十五～十六世紀達到高潮，最先出現於義大利。

十三世紀後期，歐洲封建社會的生產力有了很大發展，海外貿易和城市經濟日益繁榮，在生產力提高的基礎上，生產關係發生了變革，封建行會和莊園解體，資本主義生產關係開始形成。經濟基礎的變革衝擊著封建主義的上層建築，新興市民階級力圖突破封建教會的束縛，批判神學世界觀，倡導資產階級的人生哲學和自然哲學，主張傳播科學知識，為資本主義的發展鳴鑼開道。同時，隨著封建社會內部階級矛盾的不斷深化，農民和城市工人、貧民的反封建起義此起彼伏，支持和推動了新興市民階級的反封建鬥爭。這樣，包括人文主義和自然科學在內的反封建思潮便逐步形成並發展起來。

22人文主義的含義是什麼？

人文主義是文藝復興時期的一股反封建思潮，又稱人道主義。其主要內容是肯定和注重人、人性，要求在多個文化領域裡把人、人性從宗教神學的禁錮中解放出來。它的口號是「我是人，人的一切特性我無所不有」。其特點主要包括以下幾個方面：

1.反對中世紀神學抬高神、貶低人的觀點，肯定人的價值，強調人的高貴。

2.反對中世紀神學的禁欲主義和來世觀念，要求享受人生的歡樂，注重現實生活的意義。

3.反對中世紀的宗教桎梏和等級觀念，要求人的個性解放和自由平等。

4.反對中世紀教會的經院哲學和蒙昧主義推崇人的經驗和理性，提倡認識自然，造福人生。

人文主義思潮發端於義大利，就其主流來說代表了新興市民階級的利益，在西方得到了長足的發展。

23 什麼是「因信稱義」？

「因信稱義」是德國宗教改革運動的領袖馬丁．路德提出的反對中世紀教會神學的宗教哲學，又稱為「因信得救」。他認為上帝是信仰的唯一對象，而不是理性的對象，上帝的旨意是超越理性的，只能信仰，不能理解。他反對天主教對個人信仰的干預，強調信仰必須以個人的內在心靈為基礎。在他看來，每個基督教徒都可以直接與上帝交往，只要對上帝抱有虔誠的信仰，通過研讀《聖經》，領會教義，自我懺悔，就可以得到上帝的拯救，用不著以教會和僧侶為仲介，也不必經過那些煩瑣的宗教儀式，這就是所謂的「因信得救，不靠事功」。

耶穌登基

路德還把《聖經》作為最高的權威，主張每個信徒都有權閱讀和解釋《聖經》。他認為對《聖經》的解釋，應完全以個人的理解為基礎，任何人，無論是王公貴族還是主教教皇，都無權把自己對《聖經》的理解強加於人。他強調個人信仰高於一切，宣揚個人信仰自由。

馬丁．路德的「因信得救」理論，實質上是將宗教「私人化」，反映了資產階級追求個人自由的思想。

24 文藝復興時期人文主義思潮的主要代表人物有哪些？

文藝復興時期人文主義思想的主要代表人物有愛拉斯謨和彭皮那齊。

愛拉斯謨在他的著作中以犀利的語言抨擊天主教會，諷刺神學家們的煩瑣論證和不學無術，說他們可以用「六百個三段論」去證明別人是異端，空談什麼沒有質料的形式、共相等，自以為無所不知，其實一無所知。愛拉斯謨宣揚人文主義思潮，他注重人的塵世快樂，推崇人的理性、智慧，主張以此為手段來認識自然，造福人生。他還同馬丁·路德辯論，肯定自由意志不只是屬於神的，也是屬於人的，認為人的自由、快樂、知識或理性是構成道德和良心的最重要的條件。

愛拉斯謨

彭皮那齊則堅決反對托馬斯·阿奎那對亞里士多德主義哲學的注釋，主張恢復亞里士多德主義的本來面目。他論證了物質與思維、感官有不可分的聯繫的唯物主義原理，認為感覺是周圍的事物作用於人的感官而產生的，並認為物質世界和上帝沒有任何聯繫。他還反對靈魂不死說。彭皮那齊由於他的唯物主義和反宗教的傾向而受到天主教會的迫害。

25如何理解「宇宙是太一」這一概念？

「宇宙是太一」是自然哲學家布魯諾提出的一個基本原理。他認為，宇宙是囊括一切的統一體，在它自身的存在中包含著一切存在，沒有任何別的東西同它相對立、相比較，它不是這一個或那一個，而是唯一的同一個。

作為太一的宇宙是無限的、不生不滅永恆存在的，不存在任何超自然的力量。

布魯諾認為萬物得以構成的極小元素，從物理學上講是原子，從數學上講是點，從哲學上講是單子。單子雖然極小，卻反映著宇宙的極大。就能力說，極大和極小是同一的，如同全部的力量蘊涵在一顆火星中一樣。

布魯諾以「宇宙是太一」的原理批判基督教所宣揚的地心說，發展哥白尼的日心說，指出：不僅地球不是宇宙中心，太陽也不是宇宙中心，因為宇宙是無限的，根本就沒有一個絕對的中心。

布魯諾的哲學是文藝復興時期新哲學思潮發展的最高成果，它對斯賓諾莎實體一元論的唯物主義以及謝林、黑格爾的辯證法思想的形成，產生了深遠的影響。

26培根「四假相」學說的含義是什麼？

為了從理論上對經院哲學的長期毒害進行清算，培根提出了著名的「四假相」說，其主要內容為：

(1)「種族假相」。這是人類天性中共有的缺陷。人在認識自然時，不是以自然為尺度，而是以人的主觀性為依據。這就使得人類往往把自己的特徵、天性附加於自然之上，於是就出現了擬人觀、目的論等思想。

(2)「洞穴假相」。每個人都有他自己的洞穴，使自然之光發生曲折或改變顏色，即每個人都從自己所特有的性格、愛好、環境出發來觀察事物，帶有個人偏見。

(3)「市場假相」。這是人們在交往中，由於語言概念上的不確定、不嚴格而產生的思維混亂，就如同市場上的叫賣者以假冒真。

(4)「劇場假相」。這是由各種哲學教條以及錯誤的證明法則移植到人心中的，人們未經批判而盲目順從傳統的或當時流行的權威而造成錯誤。流行的哲學體系就像舞臺上演出的戲劇，它們以一種不真實的幻景來表現哲學家自己創造的世界。

培根的「四假相」說第一次從認識論角度批判了經院哲學。這些假相雖阻礙認識，但可以克服。只要我們正確思考，找出原因，就能克服假相。

為了給科學的認識論開闢道路，培根在大量著作中論及了「本體論」的問題，從而建立了他的唯物主義自然觀。

培根繼承了古典自然哲學的思想，認為世界是物質的。他把萬物的物質基礎稱為原始物質，反對把物質看做抽象的東西，反對經院哲學認為在個別事物中存在著決定它的某種「隱蔽的質」。他強調運動是物質自身所固有的，運動是絕對的，靜止是相對的，並認為靜止是由運動的均衡或由運動的絕對優勢引起的，在物體表面的靜止中，物體內部的物質分子仍在不斷地活動著。

他還強調物質是無限永恆的存在，物質不是由什麼東西所產生，沒有什麼東西在它之前，沒有什麼東西比它更原始，物質就是原因的原因。

培根的這種自然觀顯然是唯物主義的，而且帶有許多辯證法的因素，與後來的機械唯物主義有很大不同。

在認識的來源問題上，培根雖是經驗論者，即主張認識來源於感官對外部世界的感覺，但在當時，為了使科學掙脫神學的統治而建立自己的根基，為科學搶地盤，他提出了「二重真理說」。

他認為，人的知識好比金貴的水，有的來自天上的雨水，有的來自地下的湧泉。前者是受神靈啟示的感悟，後者是受自然之光的普照。他認為二者分別屬於兩個不同的領域，即宗教和科學，因而，也就存在著兩種真理，即宗教真理和科學真理。

培根主張宗教與科學應當界限分明，互不干涉，科學的東西歸於科學，屬於信仰的東西交給信仰。在神學領域，觀察與實驗不起作用，在科學領域，啟示則是徒勞的。

培根只想為科學爭得一席之地，並不期望去否定神學。如果科學是人類認識的起點，那麼神學就是歸宿。用他的話說，哲水之杯，啜二口就會立刻傾向於無神論，但是飲完哲學之水的人最終會在精神上重新皈依宗教。

「經驗與理性的合法婚姻」這一論斷是培根在分析人的認識過程時提出的，即人的認識過程建立在經驗與理性有機結合的基礎上。在他看來，人的認識過程必須直接從感覺出發，但又不能一味在黑暗中摸索，只有在理性的指導下循序漸進，才能弄清事物的本質。

他批評了狹隘的經驗論者和唯理論者，把他們形象地比喻成螞蟻和蜘蛛。他說，自然科學研究中的「實驗家」們好像螞蟻，只忙於收集材料，不做加工和提煉使用。他們只會在狹隘的經驗迷宮中兜圈子，得不到概念光輝的照耀。科學研究中的「推論家」們和神學先驗論者們如同蜘蛛，單憑自己吐的絲來織網。他們或是完全拋棄經驗，或是以個別經驗例證去填充自己的先驗論斷。

真正的哲學工作者既重視感覺經驗的作用，又重視理性思維的作用。他們就像蜜蜂一樣，從花園和田野裡採集材料，再用自己的能力對之加以改變和消化，單純依靠心智的力量和原封不動的保存所收集的材料都是不可取的。

27「科學歸納法」的含義是什麼？

科學歸納法是培根在亞里士多德三段論基礎上提出的認識自然的新工具，是近代歸納邏輯的主要代表。其主要內容為：

1.第一步，盡可能充分地搜集事實材料。

2.第二步，對材料進行整理。用「立表法」對它們進行排列，即具有表用以羅列具有被研究性質的實例；缺乏表用以羅列不出現被研究性質的實例；程度表用以羅列被研究性質出現變化的實例。

3.第三步，排斥法。排除掉表上羅列的實例中的不相干因素，剩下的唯一因素被斷定為是被研究性質的形式即原因。

4.第四步，歸納。發現羅列實例中本質的共同的必然的東西。

28什麼是「白板說」？

「白板說」是哲學史上經驗論者所倡導的一種哲學思想。白板，其拉丁文是tabula rasa，原指語句無瑕的狀態，後來哲學家們用來比喻人的心靈本來狀態像白板一樣沒有任何痕跡。「白板說」是與天賦觀念相對立的一種認識論思想。

古希臘哲學家亞里士多德在其《論靈魂》中認為，靈魂如同蠟塊一樣，從外部接受印紋。十七世紀英國經驗論哲學家洛克繼承並發展了這個思想，他在批判「天賦」學說的同時，認為人出生時心靈猶如白紙一樣，對任何事物均無印象，人的一切觀念和知識都是外界事物在白板上留下的痕跡，最終都導源於經驗。

「白板說」是經驗論反對天賦學說的主要論點和思想武器。儘管洛克沒有更深刻地揭示天賦觀念說的社會根源，甚至他對某些抽象知識的來源仍存在模糊認識，但他畢竟對天賦觀念進行了有力的批評，「白板說」是其唯物主義經驗論的重要表現。

29洛克「觀念論」的主要內容是什麼？

洛克給「觀念」下的定義是：觀念是思維的對象。人的心靈所知覺、所思想的任何對象，構成知識的材料、基本元素、概念、類甚至人的幻想，都可以用觀念來表示。觀念有兩個來源，即感覺和反省。感覺是外物作用於感官而產生的，反省是心靈對自身活動的觀察。

洛克

洛克把觀念劃分為簡單觀念和複雜觀念兩類，簡單觀念是內容上不能再分的單純觀念，它們由對象的性質或某一個單純現象引起，成為一切知識的原始材料，也是構成複雜觀念的基本元素。另一類觀念是複雜觀念，它們由簡單觀念複合而成。

關於因果觀念，洛克認為，能夠產生簡單觀念或複雜觀念的東西即是原因，被產生出來的就是結果，我們對因果觀念的了解離不開經驗。洛克說，我們對於原因和結果只能有經驗的知識，對於它們之間的內在聯繫，我們根本無法知道，完全處於黑暗之中。這種不可知論後來成為休謨懷疑論的起點。

30什麼是「第一性的質和第二性的質」？

把物體的性質分為基本的、第一性的質和派生的、第二性的質的物性理論，是機械唯物主義自然觀的重要觀點。它發端於古希臘的原子唯物論，集中體現於R．波義耳和洛克關於第一性的質和第二性的質的學說。

洛克認為，第一性的質是與物體不可分的原始性質、根本性質。比如物體的體積、形狀、數目、運動、凝固性等，不論物體處於何種狀態，受到什麼力量壓迫，遭受什麼變化，它們都不會同物體分開，即使在微小到不足以被單獨知覺的物質粒子中，這些性質仍然被保持著，所以它才被稱作第一性的質。第二性的質之所以區別於第一性的質，就在於它並不直接存在於對象之中，而是對象本身的一種能力，它可以借助於物體的第一性的質，在人心中產生各種不同的感覺，如顏色、聲音、滋味等等，這種通過人的感覺才能表現出來的物體能力就是第二性的質，也稱作可感覺的性質。

兩種性質學說不僅集中體現了洛克的機械唯物主義自然觀，而且為洛克的經驗主義認識論提供了物理方面的說明。在洛克的哲學體系中，兩種性質的學說佔有重要地位。

31如何理解「存在即被感知」、「存在即感知」的哲學觀點？

「存在即被感知」和「存在即感知」是巴克萊提出的兩個重要哲學觀點。

巴克萊認為，人只能認識與自己的思想在本質上相同的東西。人的認識工具只有感官，而感官所感知的無非是自己的知覺，也就是觀念。這些觀念無論產生途徑如何，也不論怎樣組合融會，都存在於我們的心靈中，而這種存在又必須借助我們感官的感知。寫字臺的存在只是因為我看見它，摸到它；香氣的存在，是因為我曾經聞到它；書房之所以在我離開後仍存在，是因為如果我還逗留在那裡，我的感官就一定會對它有所知覺。香氣也好，寫字臺也好，書房也好，這些可感事物無非是一些觀念或觀念的組合，觀念的存在就在於它的被感知，由此，巴克萊提出了他的一個著名的認識論命題：存在就是被感知。

巴克萊

觀念的存在既然依賴於被感知，自然會引出下一個問題：誰在感知？毫無疑問，這個感知主體是心靈。可是我們怎麼知道心靈的存在呢？由於作為被感知對象的觀念都是被動的、無活力的，所以我們不能把心靈歸結為觀念。但是，不能作為觀念被感知的東西又不能被稱為存在，這樣心靈的存在就被否定掉了。為了跳出這一困境，巴克萊又提出了另一個命題：存在就是感知。我們從心靈對觀念的感知能力得悉了它的存在，這樣能夠被稱為存在的就有了兩種東西：觀念和心靈。

由於個體心靈的存在都是有限的，無法保證感知的連續性，那麼觀念的存在也就失去了保障，為了使「存在就是被感知」成為一個永恆的真理，巴克萊提出了永恆心靈的說法。雖然凡夫俗子們的心靈是被造的，有生有無，但是上帝的永恆心靈是不朽的、全能的，上帝連續不斷地感知是觀念存在的根本前提。

32 什麼是唯理論？

唯理論又譯為理性主義，是與經驗論相對立的一種哲學思想，它強調理性作用，這主要表現在認識的起源和可靠性問題上。一般說來，唯理論不承認經驗論者所主張的一切知識都起源於感覺經驗的原則，他們認為具有普遍必然性的可靠知識不是，也不可能來自經驗，而是從先天的、無可否認的「自明之理」出發，經過嚴密的邏輯推理得到的。他們往往把這種「自明之理」，如歐幾里得幾何學的公理，以及傳統的形式邏輯的同一律、矛盾律、排中律等，說成是人心中與生俱來的「天賦觀念」。唯理論者認為，只有依靠理性直接把握到事物本質的那種「理性直觀知識」，或依據理性進行邏輯推理得來的知識即理性認識，才是可靠的，依靠感覺經驗得來的感性認識是不可靠的，往往是錯誤認識的來源。

唯理論強調理性認識的重要性，認為認識不能停留在感性階段，必須上升到掌握事物本質、規律的理性認識，才具有真理性，這種否認認識源於經驗的傾向導向了唯心主義。

西方近代唯理論的開創者是法國的笛卡爾，主要代表人物有荷蘭的斯賓諾莎和德國的萊布尼茨。

33 唯理論與經驗論爭論的核心問題是什麼？

在經驗論與唯理論的爭論中，認識論和方法論的問題被提到了全部哲學的首位。二者圍繞認識的主體、來源、對象及其途徑等認識論問題展開了激烈的爭論。唯理論與經驗論是近代西方認識論上所表現出的兩種截然相反的思想。

英國由於受唯名論傳統的影響，個別的、感性經驗的東西受到普遍重視，加上當時英國實驗科學的蓬勃興起，所以經驗歸納法成為主要的認識方法。在他們看來，認識起源於外物對感官的刺激，認識的主體是具體的經驗。而在歐洲大陸，由於實在論長期佔支配地位，學者們往往重視普遍的、理性的東西，在此環境下成長起來的唯理論哲學家更為注重思維的形式和結構，認為認識源於理性的自省，認識的主體是抽象的理性實體。

實質上，感性認識與理性認識的關係問題是近代哲學中經驗論與唯理論爭論的中心問題和核心。

34 什麼是「笛卡爾式懷疑」？

「笛卡爾式懷疑」又可稱為「方法論的懷疑」，是笛卡爾在建立自己的唯理論哲學體系中所闡述的一種認識方法。

經院哲學以聖經的論斷、神學的教條為前提，用亞里士多德的三段論法進行推論，得出符合教會利益的結論。這種方法的基礎是盲目信仰和抽象論斷。笛卡爾指出，我們不能盲從，我們已有的觀念和論斷有很多是極其可疑的，這些觀念有的來自感官，但是感官會欺騙我們；而且我們會做夢，夢境是虛幻的；還有一些觀念出於推論，我們在這些事情上也會犯錯誤。我們處在真假難分的狀態中是不可能確定真理的。為了追求真理，必須要一切都盡可能地懷疑，甚至像「上帝存在」這樣的教條，懷疑它也不會產生思想矛盾，這樣才能破舊立新。這就

笛卡爾

是「笛卡爾式懷疑」。

這種懷疑不同於否定一切知識的不可知論，而是以懷疑為手段，達到去偽存真的目的。笛卡爾把懷疑看成積極的理性活動，要拿理性當作公正的檢查員。他相信理性的權威，要把一切放到理性的尺度上校正。笛卡爾認為我可以懷疑一切，但有一件事是無可懷疑的，即「我懷疑」。

「天賦觀念」是西方哲學中一種唯心主義先驗論的認識論學說。這種學說源於古希臘，典型代表是十七世紀的法國唯理論哲學家笛卡爾。

笛卡爾對我們的知識進行分析，認為一切知識都是由觀念組成的，這些觀念又可分為三類：第一類是感官從外界獲得的，具有個別性和偶然性；第二類是人們由理性直觀得到的，如數學等，一看就明白，無可懷疑；第三類則沒有客觀依據，是人們憑空構造的。笛卡爾認為，第一類觀念因不具有普遍必然性，且常常會欺騙人們，因而不能成為科學，第三類因沒有客觀依據也不能成為科學，而第二類則是普遍必然的，不可能來自個別的、偶然的感性經驗，只能是理性自身固有的「天賦觀念」。

「我思故我在」是笛卡爾形而上學的理論基礎，他從懷疑論的角度出發，認為只要不違反邏輯，一切都是可懷疑的。但是懷疑本身已表明了一條無可懷疑的真理，即「我在懷疑」這個事實本身是不可懷疑的。我可以懷疑一切，但是我不能懷疑「我在懷疑」，因為我對「我在懷疑」的懷疑仍然是懷疑，這恰恰證實了「我在懷疑」的真實性。我在懷疑即是我在思考，因此「我在思想」是一個無可置疑的事實。

「我在思想」，必須有一個思想的「我」存在，因為有思想而無思想者的說法在邏輯上是矛盾的，懷疑必定是懷疑者的懷疑，思想必定是思想者的思想，這不說自明的道理說明，即便把一切都想像為假的，而這個想像著的「我」卻不可能是假的。因此，「我思故我在」乃是一條確實可靠、不可懷疑的真理。

需要指出的是，笛卡爾這一原理中的「我」並非指人的身體，而是一個不依賴任何物質，甚至也不依賴人的身體的獨立精神實體，他稱之為「心靈」。

「二元論」是在回答哲學中的基本問題，即物質與意識誰是第一性的問題時，所產生的一種哲學思想。它既不同於唯物主義的物質第一性，也不同於唯心主義的意識第一性，而是強調物質、意識相互平行，互不決定，互不影響，性質完全不同。其典型代表是笛卡爾。

在笛卡爾的哲學體系中，論證了三個實體：心靈、上帝、物質。他通過「我思故我在」論證了心靈的存在；繼而他又通過對上帝和物質存在的論證說明了他的觀點：上帝是絕對實體，沒有形體，是心靈和物質的創造者；心靈實體的本質只是思想，是能動的，沒有任何廣延；物質實體的本質只是廣延，沒有思想。因而，心靈與物質在笛卡爾看來，彼此完全對立，互不影響，互不決定，彼此平行，這是哲學上的典型二元論。

二元論的缺陷在於無法解釋心靈與肉體之間的相互協調的事實。為了擺脫這一困境，笛卡爾提出靈魂寄存在大腦的「松果腺」中，當「松果腺」受外界震動時，靈魂因有知覺就顯現出來。這實際上是承認了靈魂對身體有一定的依賴關係，這與他的二元論發生了衝突，使他陷入了自相矛盾之中。

第一，自然界的物質統一性。他斷定「全宇宙只有一種物質」，「地和天都是由同一種物質做成的」。廣延性是物質的根本屬性，而物體的其他性質如軟硬、輕重等只不過是存在於人的感覺中的主觀的東西。

第二，物質、廣延、空間統一的思想。他認為，物質、廣延、空間是統一的，三者不可分離。

第三，物質是無限的。笛卡爾認為物質在客觀方面是無限延伸的，在微觀方面是無限可分的。

第四，運動是絕對的，靜止是相對的。笛卡爾指出「全宇宙中並沒有真正靜止的點」；「任何事物，除了在我們思想中使之固定不變外，都沒有恆常的位置」。

第五，物質運動遵循一定的規律。

笛卡爾的物理學是其哲學體系中最有價值的部分，這些思想，對歐洲近代自然科學和唯物主義哲學的發展都起到了積極作用。

35什麼是「自因」？

「自因」是西方哲學史中標明自身是自身存在原因的哲學概念。這一概念最先由笛卡爾提出，後來荷蘭哲學家斯賓諾莎批判地繼承和發展了他的思想，把自因作為他的哲學體系中的一個重要範疇。斯賓諾莎認為，實體是「自因」的。他指出：一個實體不能是另一個實體的原因，或者一個實體不能為另一個實體所產生，所以實體是自因，即它的本質便包含著存在。它是它自身的原因，不依賴任何其他的東西，當然也不是上帝創造的。因此，自然界作為一個無限的實體，是不生不滅的獨立存在，它就是自己存在的原因，自然界中的一切事物互為因果，相互作用，處於無盡的因果聯繫鏈條中。

斯賓諾莎

斯賓諾莎的「自因」學說包含有深刻的辯證法思想。他要求從自然界事物自身的相互作用來說明事物，而不要孤立地觀察，更不要在自然界之外去尋找什麼原因。

「自因」學說對後世哲學，特別對黑格爾的辯證思想影響極大。

身心平行論是十九世紀歐洲哲學中論述精神與身體關係的一種觀點，又可叫做心物平行論、心理生理平行論。這種觀點主張精神的現象與身體的現象發生在相互分離而又相互平行的兩個系列中，二者互不影響，互相分離。這一思想最早體現在笛卡爾的二元論中，後來斯賓諾莎將之進一步發展。

斯賓諾莎認為，實體的兩個最根本的屬性是思維和廣延，這兩個屬性各以不同的方式表現著同一的實體，但絕不是兩個獨立的實體。斯賓諾莎並未像笛卡爾那樣將思維和物質當成兩個彼此獨立的實體，而是當作同一實體的兩個屬性，但他仍把思維與物質當作兩個相互平行、互不相干的屬性，認為物體不能限制思想，思想也不能限制物體；一個屬性不能產生另一個屬性，身體不能決定心靈使其思想，心靈也不能決定身體使其動或靜；思想只能由思想的原因來說明，物質只能由物質的原因來說明。後來，萊布尼茨繼承並發展了斯賓諾莎的這一思想。

斯賓諾莎給「樣式」下的定義是：「樣式，我理解為實體的各種特殊狀態。」就是說，「樣式」是指世界上千差萬別的具體事物。

斯賓諾莎用「能動的自然」和「被動的自然」來指整個自然界即實體和自然界中的具體事物即「樣式」。他認為，實體是「樣式」的原因，「樣式」是實體的具體表現；實體有思維和廣延兩種屬性，「樣式」必出自它的這兩個屬性之中；實體是無限的，永恆不變的，絕對圓滿的，「樣式」則是有限的，有生有滅的，相對圓滿的；實體是理智的對象，「樣式」則是感覺的對象。

斯賓諾莎把實體與「樣式」看做是整體與部分、一般與個別、原因與結果、無限與有限、本質與現象的關係，包含著辯證法思想，觸及一系列對立統一的範疇。而且他把自然界中存在的具體事物，看作處於連續不斷的因果鏈條中，堅持了從客觀世界說明客觀世界的唯物主義觀點。但他單純用這一觀點解釋具體事物的產生，又陷入外因論的泥潭。

36 什麼是「前定和諧」？

「前定和諧」是德國近代哲學家萊布尼茨提出的哲學概念之一，是其單子論的主要組成部分。萊布尼茨認為，萬物由單子組成，單子是一種「形而上學的點」，它是客觀存在的，不同於「數學上的點」和「物理學上的點」。它沒有外延，沒有形狀，絕對單純而無部分，沒有可供事物出入的窗子，因而彼此不能相互影響、相互作用。但宇宙卻是互相協調、構成和諧的總體。他認為這是因為上帝在創造世界時就使每一個單子具有這樣的本性，在嗣後的全部發展中，每一個單子都各自遵循自身的規律發展變化，又自然地與其他一切單子的發展變化保持和諧，猶如一支樂隊的每一個樂手各自演奏作曲家事先為之譜就的曲子，而全樂隊就奏出和諧的交響曲。他還用「前定和諧」來說明心身關係，將心身比喻成兩個製造得極精密的時鐘，認為它們各走各的而彼此自然地保持一致。他說：「靈魂遵守它自身的規律，形體也遵守它自身的規律，它們的會合一

萊布尼茨

致，是由於實體之間的預定和諧，因為一切實體都是同一宇宙的表象。」

萊布尼茨還以此作為論證上帝存在的論據之一。但他排斥上帝對世事的具體干預，他根據這一學說提出了「樂觀主義」，肯定「這個世界是一切可能世界中最好的世界」。萊布尼茨有時自稱其哲學體系為「前定和諧系統」。

在真理論上，萊布尼茨主張有兩種真理存在，即推理的真理和事實的真理。推理的真理以矛盾律為基礎，事實的真理以充足理由原則為基礎。

推理的真理是必然的，所以也叫必然真理。任何一個必然真理都可以通過分析法找到它的理由，追溯它的前提，一直到原始的真理。原始的真理是不能夠下定義、不能夠證明的，而且也不需要證明，它是天賦的。

以充足理由作為基礎的事實的真理，是偶然的，因而也叫偶然的真理。他認為，從感覺經驗中所得出的關於客觀事物的判斷也有一定的真理性，這就是偶然真理。承認感覺經驗可以形成偶然的真理，承認偶然真理的存在，這對於唯理論者克服自己無法說明知識的客觀來源這一根本缺陷有重大意義。

但在萊布尼茨哲學中，必然真理不以偶然真理為基礎，偶然真理也不以必然真理為指導，兩者仍沒有直接的聯繫。

37 什麼是啟蒙思想？

十七～十九世紀初，在歐洲各地先後興起了反對宗教蒙昧主義，反對封建專制制度的思潮，其中在法國波及範圍最廣，持續時間最久，其主要代表人物有伏爾泰、孟德斯鳩、盧梭、百科全書派哲學家以及馬布利、摩萊里。

法國啟蒙思想家們推崇理性，反對宗教迷信和蒙昧主義，鼓吹自由、平等和博愛精神，自覺地擔負起了啟迪和教育人民大眾的歷史使命。

一般來說，啟蒙思想主要有以下兩大特點：1.反對宗教蒙昧主義，宣揚理性與科學。啟蒙思想家們認為宗教勢力對人民精神的統治是阻礙社會進步的主要障礙，只有破除迷信，打倒基督教道德才能正確認識自然，增進人類福利。2.反對封建專制制度，宣揚民主和法制。啟蒙思想家們認為封建專制制度扼殺思想自由，造成社會上的不平等和文化經濟上的落後，因而他們大力宣揚「天賦人權」，主張民主政治、法律面前人人平等等思想。

十八世紀法國啟蒙運動所宣揚的啟蒙思想，對歐洲、美國等發生了巨大的影響，是人類歷史上一次偉大的思想解放運動。特別是他們所建立起來的一個博大精深的社會政治理論體系，形成了一個比較徹底的無神論和唯物主義世界觀，對後世哲學影響極大。

38什麼是「法的精神」？

「法的精神」是孟德斯鳩提出的法哲學「概念」。孟德斯鳩從廣義上把「法」規定為「由事物的性質產生出來的必然聯繫」。所謂「法」，也就是貫穿於一切事物之中的必然性和規律性。在這個意義上，一切事物都有它們的法。

孟德斯鳩認為，人類的一般就是人類的理性，每個國家的政治法律制度等各種社會制度都是人類理性在特殊情況下的具體體現。法律制度不僅與國家政體的性質和原則有關，而且與各個國家的氣候、土壤、面積大小等自然條件有關，與各國人民的生活方式也有關係，這些因素綜合起來構成了「法的精神」。只有符合這一精神的社會制度才是最好的制度。

孟德斯鳩在論述「法的精神」時，排除了任何神學對歷史的干擾，而試圖從自然條件來說明社會現象，這無疑是具有進步意義的探索，對十九世紀西方歷史學、法學、社會學都具有借鑒的價值。

39什麼是「自然神論」？

「自然神論」是十八世紀啟蒙哲學中的一種思想，法國的孟德斯鳩是其典型代表。

孟德斯鳩公開承認上帝是世界的始因，認為上帝是世界的「創始者和保養者」，但又認為世界受自然規律的支配，上帝不能改變自然規律，它的活動同樣要受自然規律的制約。這種既承認神乃始因，同時又認為神也要受制於自然規律的思想被稱為「自然神論」。

孟德斯鳩

孟德斯鳩的「自然神論」在當時的歷史條件下無疑具有極大的歷史進步性。它實際上是披著「自然神論」的外衣，揭露和批判天主教徒和僧侶的無恥罪行，指出了宗教世界觀對人類社會的危害，猛烈抨擊了宗教裁判所迫害異教徒的殘暴行為，提出了各種宗教之間應該互相寬容、和睦相處、互不干擾、互相尊敬的主張。

40怎樣理解孟德斯鳩的社會歷史觀？

孟德斯鳩在社會歷史觀方面是一個唯心主義者，同時他又是一個主張「地理環境決定論」

者。他一方面認為人類歷史的命運歸根結柢要以個別政治活動家（主要是立法者）的意志為轉移，否認人民群眾在歷史發展過程中的根本推動因素，陷入「英雄史觀」；另一方面，孟德斯鳩又極力強調地理因素在人類社會發展中的作用，認為地理環境，特別是氣候、土壤和居住地域的大小，對於一個民族的性格、風俗、法律和政治制度、道德、精神面貌有著決定性的影響作用。他試圖向人們證明：社會的歷史發展進程不是由上帝意志決定的，而是由自然界本身決定的。

孟德斯鳩的這種社會歷史觀無疑是當時特定歷史條件的反映，同時也是對宗教神學的反抗與批判。

41伏爾泰社會政治哲學的主要內容是什麼？

伏爾泰從自然法權論出發來說明人類社會的起源。他認為自然規律是至高無上的，「一個社會要存在下去，就必須有一些法律，正如每種遊戲都必須有一定規則一樣。」一約定法越是接近自然法，這個國家的內部生活就越安定和諧，因此法律是自然的女兒。不過，與其他自然法權論者不同，伏爾泰認為國家不是社會契約的

伏爾泰

產物，而是暴力的結果。一旦兩個民族發生衝突，其中一定會出現強有力的領袖，而征服了敵人之後，又會引起戰利品的爭奪，戰爭中的領袖自然地成了仲裁者，君主的權力便由此而發展起來了，國家也由此而形成。

伏爾泰把以平等、自由和財產為基礎的社會秩序看作最公正的社會秩序。社會公正能使人人都有平等的競爭起點，但不保證人人都有平等的結果。人是生而平等的，但在財產上卻是不平等的，因而平等既是一件最自然不過的事，同時也是最荒誕不經的事，擁有財產是人民群眾中健全部分的標誌，這是社會秩序的基本保證。他認為，共和制會導致無政府狀態，只有君主立憲制才能保證人在法律面前平等。

42 什麼是「社會契約說」？

「社會契約說」是一種主張國家和法起源於社會契約的政治學說，它的兩個基本功用是解釋國家的起源和規定統治者和被統治者相互間的權利和義務。

社會契約的學說可以追溯到古希臘哲學，在中世紀也有表現，在近代，自然法學派的一些思想家詳盡地論述了社會契約說，其代表人物有霍布斯、洛克、盧梭。其中尤以盧梭最為著名。他在其名著《社會契約論》中對這一學說作了系統的完備的論述。

盧梭

盧梭認為，國家及公共權力起源於人們的契約。在自然狀態中，人人平等，社會上並不存在國家或其他公共權力。後來隨著社會生產技術的發展、生產力的提高，社會出現了剩餘財產，進而出現了私有制和不平等，人類脫離了自然狀態而展開激烈競爭與傾軋。人們為了維護各自的利益和社會秩序，就締結契約，制定法律，把自己權利中的一部分交給集體或公共部分，組成公共權力以換取對個人權利的保障，這樣就產生了國家，出現了權力集中的君主和平等享有權益的臣民，社會由此走上了文明。

「社會契約說」是針對「君權神授說」而提出的，並主張「從理性和經驗中而不是從神學中引申出國家的自然規律」，對後來的資本主義政治思想影響極大。

「自然狀態說」是十七～十八世紀流行於歐洲的一種唯心主義歷史觀，常與社會契約說相提並論。這種觀點從人性論出發，一方面主觀地設想原始人類的生活圖景，即所謂原始社會的「自然秩序」，另一方面脫離社會性和階級性來說明人的「自然權利」，追求一種合乎自然的理想社會原則。

關於怎樣設想原始人類的自然秩序和追求怎樣一種自然權利，各個時期的思想家又有所不同。「自然狀態說」最早可追溯到自然法學派的代表人物格勞修斯。他已經闡述了人的「自然權利」，即人民和統治者都應受自然法的約束，以及用社會契約說解釋國家的起源等思想。霍布斯則認為自然狀態下人自私自利，相互仇視，人對人像狼一樣，為了私欲爭鬥不息，總是處於「一切人反對一切人的戰爭狀態」。而盧梭則描繪太古人居於森林中，離群索居，沒有語言和任何社會關係，也沒有野心、貪婪、嫉妒、競爭等，過著粗野而質樸的生活。後來的文明進步是人性的墮落。盧梭闡述自然狀態的目的在於證明早期人類社會並無國家，以及否定「君權神授說」，為自己的「社會契約說」奠定了基礎。

盧梭認為，人類最初是處於「自然狀態中」，人類的不平等是與人類文明同步發展的。盧梭提出了一個極為深刻的命題，這就是科學文明的進步與人性、價值的失落是同步發展的。他認為只有自然之中那種超然無我的感悟力量，才是永恆的道德原則。盧梭以驚人的洞察力提出人類歷史發展的否定性辯證法。他認為，從最初的平等發展出不平等，而極端的不平等又會導致自我否定，重新達到人類社會的平等。具體而論，最初是自然狀態下的不平等，繼之是私有制度下的不平等，而不平等發展到極端，就是自身向反面轉化，消除不平等，達到社會契約條件下的平等。

盧梭的人類歷史的辯證發展理論，已經天才地猜測到，私有制的社會文明是建立在對抗基礎上的，而對抗則會導致它自身的否定。因而恩格斯才會把盧梭的《論人類不平等的起源和基礎》與狄德羅《拉摩的侄女》稱作「辯證法的傑作」。

盧梭是一位自然神論者，他雖不懷疑宇宙的客觀存在，但是卻認為宇宙是無生命的物體，自身沒有活力。他認為有一個意志使宇宙運動，使自然具有生命，「這個有思想和能力的存在，這個能自己活動的存在，這個推動宇宙和安排萬物的存在，不管它是誰，我都稱它為『上帝』」。

盧梭是個性善論者，他的宗教、倫理、教育思想都基於他對人性的探索。他在《愛彌兒》中寫道：「我認為我在人的天性中發現了兩個截然不同的本源，其中一個本源促使人去研究永恆的真理，去愛正義和美德，進入智者怡然沉思的知識領域；而另一個本源使人固步自封，受自己感官的奴役，受欲念的奴役，而欲念是感官的指使者，正是它們才妨礙著他接受一個本源對他的種種啟示。」在盧梭看來，良心是一切善的源泉，良心植根於人的靈魂深處，而欲念則是惡的起因，欲念所引起的種種需求是道德墮落的誘發因素，由此出發，盧梭並不否認宗教在昇華道德品質方面的積極作用。

43什麼是「人體哲學」？

「人體哲學」是法國哲學家拉美特利提出的一種全新的唯物主義哲學思想，其主要論題是心靈與肉體的關係。

拉美特利認為，十八世紀研究心靈與肉體的關係問題，存在著兩種體系，即唯物論與唯靈論。他反對以萊布尼茨、笛卡爾為代表的唯靈論，兩者都是把心靈實體化，物質反而成為心靈的產物。拉美特利也看出，唯物論者如果方法不對，同樣達不到預期結果，他批評洛克，「問物質能不能思想，而除了把物質當作物質本身以外，不作任何別的考慮，這就等於是問物質能不能報告鐘點時間。可以預見，我們是要避開這個暗礁的，洛克先生不幸正是覆滅在這塊暗礁上。」

拉美特利十分明智地避開十七世紀唯靈論與唯理論所堅持的兩種實體的對立，而是另闢蹊徑，以生理決定論的思想，論證物質具有能動性，思想不過是人腦的機能。他還探討了從感覺到思想的產生過程。他已經猜測到首先獲得感覺，依靠記憶又把各種感覺積累起來，最後由大腦把各種觀念進行排列組合，做出推理、判斷，感覺與運動是相互激勵的過程。他得出結論說：「人腦是感覺的中樞，人是一架機器。」

拉美特利以雄辯的事實，批駁了十七世紀以來哲學上關於兩個實體的學說，他明確提出思想和有機物質絕不是不可調和的，而且它是有機物質的一種特性。拉美特利在掃除偏見之後，以唯物主義的態度，建立起全新的「人體哲學」。

44 什麼是合理利己主義？

合理利己主義是一種從個人利益出發，企圖把個人利益和社會利益結合起來的資產階級利己主義倫理學說。產生於十八、十九世紀歐洲資產階級革命時期，主要代表人物是法國的愛爾維修和德國的費爾巴哈。

合理利己主義從抽象人性論出發，認為趨樂避苦、自愛自保是人的本性，利己心不僅是合理的而且是合乎道德的，人在自己的行為中，能夠遵循的只是自己的利益，因此，不能放棄利己主義，而是要使人們「合理地」理解自己的利益。合理利己主義者反對把個人利益與公共利益對立起來，認為追求自己的利益本身就包含著社會的利益和他人的利益，而任何為他人利益的活動，實際上也是從利己出發的，人們只要按照這種合理理解自己利益的觀點去組織社會，個人利益就可以和社會公共利益協調起來。按照合理利己主義的觀點，現實生活中個人利益和社會利益的不協調，是不良的封建制度造成的，新的資本主義制度將使兩者統一起來，人人都可以合乎道德地追求個人利益。

45 狄德羅「自然觀」的主要思想是什麼？

狄德羅是一位無神論者，在法國唯物主義者之中，狄德羅的哲學思想在一定程度上克服了形而上學的缺陷，他認為，一切自然事物都是由物質粒子構成的，這種粒子被稱作「元素」，「元素」作為物質世界不可分割的分子，在數量上是無限的，而且具有「異質性」。由此，狄德羅既說明了世界的統一性，也說明了世界的多樣性。

在物質與運動的關係上，狄德羅認為物質永恆存在，運動是其固有的屬性，運動具有普遍性和必然性。至於運動的動力，它不在物質之外，而在物質之內，這就是「力」。物質分子具有能動性，它包含著「力」，即內部力、重力或引力、其他分子的作用力，由於這三種力的相互作用，就形成了物質運動的源泉。所以，運動有兩種基本形式：移動和激動，分別由分子外部的力和分子內部的力引起。前者由物體之間的作用與反作用而產生，因而是會消失的，而後者則基於物質元素的異質性，它是分子內在的和永恆的運動源泉。

在法國啟蒙思想家中，狄德羅的認識論思想在一定程度上克服了形而上學的思維方式和經驗論的某些缺陷。

狄德羅

狄德羅認為感官是我們一切認識的來源，但認識不僅僅是感覺，也不能歸結為感覺。針對狹隘的經驗主義者，他強調人不僅是自然的觀察者，而且也是自然的解釋者。要解釋自然就不能停留在感覺範圍內，而應當借助理性，從事物的秩序中推出抽象的一般結論，並以之作為各種特殊的感性真理的根據。

因此，狄德羅發揮了培根關於經驗與理性聯姻的思想，他形象地稱實驗哲學為「勤勞的工作」，稱理性哲學為「驕傲的建築師」，必須把兩者結合起來，他指出：「我們有三種主要方法：對自然的觀察、思考和實驗。」正確的認識過程是「從感覺回到思考，又從思考回到感覺，不停地重新進入自己裡面去，又從裡面出來」。所以，必須「應用理智及實驗於感覺」。

不過，狄德羅並沒有從根本上克服經驗論的局限性，他的認識論仍然是直觀式的反映論，他對理性認識的理解帶有唯名論的傾向。

46 霍爾巴赫自然觀哲學的內容是什麼？

霍爾巴赫的自然哲學是機械唯物主義自然觀。世界的物質統一性是他全部思想的出發點。他認為，從事哲學研究不應以超自然的事情而應以自然為出發點。因為在自然這個圈子之外什麼也不存在。自然不是別的，它是物質世界的整體，是物質事物的總和。所謂物質，就是「以任何一種方式刺激我們感官的東西」。他認為人類對於自然無知，才創造出種種的神，這些神又成為他們希望和畏懼的唯一對象，一切宗教祭儀和迷信都由此產生。因而啟蒙的首要作用是恢復自然本來面目以喚醒

霍爾巴赫

人類理性。

霍爾巴赫認為對自然的無知，大體上有兩大誤區：自然的本質與自然的秩序。他認為自然是一切存在物的總匯，在統一的自然之內沒有神的立足之地；自然的存在，並不依靠自然以外的力量，只由於自身的原因而存在。他認為，運動是絕對的，而靜止不過是相對的，在我們看來彷佛靜止的一切事物，實際上沒有片刻停留在同一狀態，所以「一切存在物只是繼續不斷地或快或慢地產生、壯大、衰退和消亡。」從整體上看，自然存在物並不變化，但是從局部來看，則正處於分化瓦解之中，所以大自然是生生不已的一切運動著的物質總匯。

他認為宇宙本身是一條原因和結果的無窮鎖鏈。自然之內，由原因而生結果，由結果而推知原因，縱使因果之間隔有一系列中介，但只要追尋下去總會找出最初原因。

霍爾巴赫認為：人是自然的產物，存在於自然之中，服從自然的法則，不能超越自然，就是在思維中也不能走出自然。在整體的自然中，人佔據著一部分而與自然發生著普遍聯繫，從這方面說，人受制於自然，人不可超越自然的法則。但是霍爾巴赫與同時代人一樣，又十分強調人不是非常複雜的一部機器，他有著自己特殊的存在方式和運行形式，不可與其他自然物等同。

霍爾巴赫反對形而上學地把人看作是兩種實體的結合，即粗糙的物質與能動的精神。他認為這無異於把人「雙重化了」，而科學證明，人是有機統一的整體。霍爾巴赫認為：靈魂是構成肉體的部分，是物質的特性，它們附著於身體，與身體一同誕生，一同發展，一同衰老，一同死亡。那種把靈魂與肉體分開的說法實際上同把人腦與軀體分開一樣。他批駁肉體死後靈魂依然存在的說法。

霍爾巴赫認為人超出萬物，在於人有認識自然的能力，這種能力又可以區分為感覺與理智，而感覺能力是構成認識自然的基礎一環。他反對笛卡爾的「天賦觀念」論，認為沒有感覺之前，既不會有思想，更不會有觀念。

在自由與必然的問題上，霍爾巴赫堅持自然決定論，認為人是一個物理的東西，無論用什麼方式去觀察他，他總是和普遍的自然聯結著，而且服從於必然而不變的法則。從這方面說，人的自由就是服從必然。

47 什麼是先天直觀形式？

先天直觀形式是十八世紀德國古典哲學家康德提出的人的認識能力的一種形式，即指空間與時間。

康德的認識論是從感性開始的。他認為，直觀是感性的功能，是對象直接與感性相關聯並直接作用於感官的感性認識活動，直觀的基本特點是直接性與單一性。康德主張從感性中除去感覺、知覺等作為材料的東西，最後留下感性的純直觀形式。康德認為這種形式是先天存在於心中的，所以稱為先天直觀形式。後天是接受感覺知覺並把它們安排在一定位置與序列之中的純粹空間與時間形式。康德說：「如果從物體觀念裡除掉知性對於物體的思維，像實體、力、可分性等，也除掉屬於感覺的東西，像不可入性、硬、色等，那麼這個經驗直觀還會剩下一些東西，就是廣延和形狀，這些屬於純直觀，即使感官沒有任何實際對象，或沒有感覺，純直觀也作為感性的單純的形式先天地存在於意識裡。」康德認為，這種先天純粹直觀是我們人人必然而普遍具有的感性形式，是使我們的感性認識之所以可能的先天條件。

先天知性形式是十八世紀德國古典哲學家康德提出的人的認識能力的一種形式，指其範疇表所列的諸範疇，是思維藉以取得知識的基本前提。

康德認為，知性不能直觀，感性不能思維，只有當它們聯合起來時才能產生知識，知性的認識功能是把感性所接受的雜多的內容進行綜合統一，使之形成有規律的、有內在聯繫的統一體，從而建立起知識的「對象」或「客體」。知性的這種積極的能動性表現為「判斷」。「判斷」這種思維活動，有賴於知性自身提供的純概念。這種概念不是感性雜多，而是純粹的形式。這種純概念由於是知性自身的，不是來自經驗

康德

的，因此是先天的。所謂「先天知性形式」即是這種由知性自身提供的純概念，它表現出知性的自發能動性。

康德從知性或思維的判斷作用來說明知性是能動的，又以亞里士多德的傳統邏輯為基礎，從判斷形式的分類推演出他自己的範疇體系，也即先天知性形式的體系，它包括：1.量的範疇；2.質的範疇；3.關係範疇。康德認為，這些範疇是人們進行思維的先天條件。

它是德國哲學家萊布尼茨和康德提出的哲學概念。萊布尼茨的統覺是指人對其自身及其心靈狀態的認識。康德不同意萊布尼茨對統覺概念的理解，認為他混同了感覺與理智認識的根本區別。

康德認為，為了得到關於包括人的自我在內的任何特殊存在的知識，感覺與理智二者都是不可缺少的。康德把「統覺」理解為一種純粹理智的認識形式，認為它是「自我意識」的最高功能，由此建立起「對象」的客觀性。康德認為自我意識的絕對統一性是一切客觀性的最高條件。因為，凡是不能統攝在自我意識統一性之下的東西都不能成為我們認識的對象，對象意識絕對地接受自我意識統一性的制約。

康德又認為這種自我意識的統一性既是分析的又是綜合的。統覺的統一就其自身來說，是分析的，即「我是我」，然而分析的統一以綜合的統一為前提，因為，如果知性不是關聯著感性雜多來進行它的活動，如果主體對於自我統一性的意識不是表述在知性的綜合之中，那麼「我是我」

這個分析命題也是得不到的。知性的這種綜合活動，即統覺的綜合的統一，它的分式是「我思維這些表象。」

先驗的和超驗的是西方宗教和唯心主義哲學的一般術語。歐洲中世紀經驗哲學就已使用過，康德第一次把這兩個術語作了區分。在康德哲學中，這兩個術語是不能相互替換的。所謂「先驗的」，在認識論中有先於經驗的意思，康德用來表示在先天可能的範圍內，關於認識方式的知識。康德所說「先驗的」，是指這樣一種特殊知識：不涉及對象，而只涉及我們認識對象的形式，並且在這種形式中也只限於先天可能的形式。

所謂超驗的，一般指思維或意識的一種活動性質，即超出經驗世界的界限而進入超經驗的領域。在康德的先驗唯心論體系中，「超驗的」是理性的辯論本性的表現。與知性不同，理性追求絕對的完整性，即無條件者，而經驗的東西只具有相對的完整性，即有條件者。因此，理性所追求的無條件者就超出了經驗的界限，而在經驗世界中沒有相應的對象。康德指出，理性這種對經驗世界的超越是必然的，問題在於對這種理性的必然性要有批判的認識。

「物自體」是康德哲學的基本概念，指他自己臆想的一種存在於人們感覺和認識之外的客觀實體，又譯為「自在之物」、「物自身」。康德把它作為現象基礎，認為人的感性認識是由於外物的影響作用才產生的，人們只能認識外物作用於感官時所產生的現象。

人們承認了現象的存在，也就必然承認作為現象基礎的物自體存在。在這個意義上，物自體是感覺的基礎。但是，人不可能超越感官去認識物自體，物自體對人來說，永遠不可知，所以，物自體又是人們認識的最後界限。在康德看來，由於外物對感官的作用，人們承認外界物自體的存在；同樣理由，由於內部情況，人們也必然承認主體自身（靈魂）的存在，由此類推，人們也必然承認作為一切現象總和之根據的最高存在體（上帝）的存在。因此，康德把物自體又看作是自由意志、靈魂和上帝這些本體性的東西。它們雖然不是認識對象，但卻是道德實踐的依據。康德把現象和物自體割裂，使認識停留在現象的此岸，把彼岸的本體界留給信仰，突出地表現出調和科學與宗教的性質上。物自體概念和康德哲學本身一樣，歷來受到左右兩個方面的批判。

「二律背反」是康德哲學的一個基本概念，指雙方各自依據普遍承認的原則建立起來的，認為正確的兩個命題之間的矛盾衝突。康德認為，由於人類理性認識的辯證性力圖超越自己的經驗界限去認識物自體，便把宇宙理念當作認識對象，用說明現象的方法去說明它，這就必然產生二律背反。

他在《純粹理性批判》一書中列舉了四組二律背反：1.正題：世界在時間上有開端，在空間上有限；反題：世界在時間上和空間上無限。2.正題：世界上的一切都是由單一的東西構成的；反題：沒有單一的東西，一切都是複合的。3.正題：世界上有出於自由的原因；反題：沒有自由，一切都是依自然法則。4.正題：在世界原因的系列裡有某種必然的存在物；反題：裡邊沒有必然的東西，在這個系列裡，一切都是偶然的。

康德強調，這四組二律背反不是任意捏造的，它建立在人類理性的本性上，是不可避免的，康德由此看到了理性認識的辯證性，看到了哲學史上各對立派別主張的衝突，指出獨斷認識的片面性，為德國唯心主義辯證法的發展奠定了理論基礎。同時，康德還認為二律背反的揭露，是從另一個層面證明了他自己哲學的正確性，證明人絕不可能超越現象去認識物自體。康德還認為，在實踐理性和判斷力中同樣存在二律背反。

在道德領域裡，康德認為道德的普遍法則不可避免地進入感性經驗，否則就沒有客觀有效性，於是在人的身上必然發生幸福與德行的二律背反，二者只有在「至善」中得到解決。在美學領域裡，康德提出興趣與概念的二律背反，目的在於揭露經驗派和唯理派的觀點在美學上的片面性。

康德在《自然通史和天體論》中，主動地理解無限宇宙的各部分在空間中的聯繫，探索天體的根源及其運動變化的規律，提出了「星雲說」。他立足於牛頓力學，而在世界觀上卻超出牛頓。笛卡爾曾說，「只要有物質和運動，就可以構造出世界」。康德進而說，只要給我物質，就可以構造出世界。他認為宇宙中的物質微粒自身有引力和斥力，引力和斥力相互鬥爭產生元素的運動，運動是自然的永恆的生命。趨向引力中心運動的元素，由於斥力作用，從直線運動向側面偏轉，形成圍繞引力中心的周圍運動。由於物質自身的運動，經過一系列自然發展過程，形成了太陽系和宇宙，根本不需要外力推動，所以在整個活動變化過程中，上帝不起任何直接作用，元素本身是生命的源泉。

康德還承認上帝創造物質，不過，他並沒有給予這種觀點以重要意義。他所強調的只有一點：整個宇宙、整個天體系統是物質基於自身運動自然形成的，特別是他否定了牛頓的「第一推動力」，進一步限制了上帝的作用，以物質自身運動發展的辯證法代替牛頓的純由外力推動的機械論。

「絕對命令」是德國哲學家康德用以表達普遍道德規律和最高行為原則的術語，又譯直言命令。「命令」即支配行為的理性觀念，其表述形式有假言和定言兩種。假言命令是有條件的，認為善行是達到偏好和利益的手段。定言命令則把善行本身看作目的和應該做的，它出自先驗的純粹理性，只體現為善良意志，與任何利益打算無關，因而它是無條件的、絕對的。

康德把絕對命令表達為：「不論做什麼，總應該做到使你的意志所遵循的準則永遠同時能夠成為一條普遍的立法原理。」康德還提出一條實踐原則：要把你人格中的人性和他人人格中的人性，在任何時候都同樣看作是目的，永遠不能只看作是手段。康德的「絕對命令」，在於強調意志自律和道德原則的普遍有效性，體現了康德倫理學的實質。

48費希特是如何論述「絕對自我」的？

費希特

費希特認為在一個體系之中，究竟是為了「自我」的獨立性而犧牲「物」的獨立性，還是為了「物」的獨立性而犧牲「自我」，這是兩者擇一的問題。行為體系的出發點，必須是原始的、自足的獨立本源，而康德的「物自體」作為一切現象的基礎和經驗的根據，恰恰是有待證明的。

「絕對自我」是費希特哲學中最重要的概念。他認為從給定的經驗事實中是剝離不出先驗的東西的。因此作為絕對自我，是經驗領域不曾展現，普通目光也無法辨識，全靠著從自我意識的活動上找到它的根據上去——絕對自我就是自我意識成為可能的那種活動。作為出發點的絕對自我，是產生活動的原始事實，它不假外物，而是靠自身建立起來的，這是費希特哲學區別於前人的極為重要的特點。

費希特的知識學，使主體的能動性與否定性辯證法達到了內在的結合。知識學的三個原則，是以正題、反題、合題的辯證形式，表述了自我意識的活動規律。這三個原則是：

第一，自我設定自身，這是知識學中絕對在先的、無條件的原理。它表明自我是自行產生活動的源泉，又是自身活動的產物，所以自我最初是無條件地設定自身。

第二，自我設定非我。它不是從前一原理推導出來的從屬原則，而是從前者直接過渡來的。

第三，自我在自我之中設定一個可分割的非我與可分割的自我相對立。這個原理是說明絕對自我是對立面的結合，一個可分割的自我與可分割的非我，不僅沒有互相抵觸，而且在絕對自我之中得以保持與統一，因而這個原理是前兩個原理的結論，把對立面重新結合起來為合題，這是自我綜合活動的結果，又稱為根據原理。

通過這三個原理，費希特闡發了實踐理性的自我活動的辯證本性。

49 如何理解謝林的「同一哲學」？

謝林

謝林哲學是從費希特哲學出發的，但他是從客觀唯心論來批判費希特的主觀唯心論。謝林的「同一哲學」由三個環節構成：1.經過改造的費希特的自我。2.遭到歪曲的斯賓諾莎的實體。3.目前兩個環節在他那裡的神秘統一，即主觀事物與客觀事物的「絕對同一性」。謝林認為自我意識是從無意識而來，自我意識與自然是同出一源，自然才是自古不變的客體，正是自然從低級物質發展到有機物質，從有機物質到生命現象，因而自然的發展是客觀的主觀化。

謝林提出了從同一中認識對立，從對立中把握統一，發展是對立的統一等辯證的思維方式，他認為，主──客統一問題必須以思維與存在的「絕對統一」為前提。「絕對統一」既非自我，又非自然，而是自我與自然同出一源的客觀精神。

謝林縱觀哲學歷史的潮流，認為從原子論出發的實在論、從單子出發的唯心論，以及作為特殊形態的二元論，最後都要導向作為主觀主義與客觀主義相統一的絕對統一哲學，因為只有同一哲學才涵蓋了兩個不同的方向，因而也包括了自然哲學與先驗哲學兩大部門。

謝林以當時的自然科學成就為基礎，用思辨手法描繪了自然界發展的圖景。他認為自然界的一切產物都是先驗演繹的結果，自然界的發展被構造為兩種力量的對立不斷解決又不斷產生的過程。這個過程經歷了質料、無機體和有機體這樣三個主要級次或階段。低級階段過渡到高級階級，高級階段包含著低級階級，又不能歸結為低級階段。

他不滿足於單純用力學解釋宇宙發展，而把宇宙視為浸透了精神力量的有機整體，作為最高自然產物的人就是這個整體的最完善的表現。他還預言了磁、電與化學過程的相互聯繫與相互轉化。他認為無機物的特點在於受直線或因果序列的交配，有機體的特點在於受自相交互作用的交配。他的自然哲學既有許多謬誤與空想，也包含著有見識的和合理的東西。

謝林與康德、費希特哲學具有相同的出發點，即把自我意識，把主觀的東西看作一切實在性的根據和解釋其他一切的最高原理，但是謝林又超出康德和費希特，他以辯證的思維方式研究了自我意識物對象的活動，揭示了主——客之間的對立統一關係，使對立統一規律在哲學中擁有它自己的地位。

謝林認為自我意識不是一種存在，它如同幾何學上的線一樣，不可用推理來證明，但它是一種最高深的知識，以自身的活動證明其存在。但是，自我的活動有別於其他活動的特點是使自身對象化。自我既是產生者又是被產生者，既為原因又為結果，「我活動」與「我存在」是同時出現的，同時為產生者與被產生者，兩者存在著同一性與差別性的關係。所以，思維主體與客體在自我意識中是同一個東西。主——客的統一性，必須，而且只能在自我意識中是同一會合點。

在謝林看來，任何純粹自我本身是自由和無限的，而它的對象化，就是對自身的限定，自我產生的限定活動就是無限性的揚棄。所以限定必為現實的，必為客觀的生成。

50 黑格爾哲學體系的主要架構和內容是什麼？

黑格爾建立的哲學體系，其基本結構可分為三部分，即思辨哲學、自然哲學和精神哲學。

黑格爾批判地研究了康德、費希特、謝林的哲學思想，繼承了他們積極的思想成果。一方面，他從更徹底的唯心主義立場出發，批判了康德、費希特、謝林的二元論、不可知論、懷疑論和非理性主義，尤其批判了他們哲學中的唯物主義因素，把唯心主義發展到極端；另一方面，用唯心主義辯證法，批判他們的形而上學方法，辯證地解決了各種哲學問題，構造起思辨哲學的龐大體系。

自然哲學是黑格爾哲學體系的第二部分，黑格爾認為，「自然界是自我異化的精神」，如果說邏輯是精神的伊里亞德，其目標在於從自身中產生出自然界來，那麼自然則是精神的奧德賽，它的目標是自己毀滅自己，打破直接性東西的外殼，重返精神自身。因此，自然哲學的任務和目的就是「揚棄自然精神的分離，使精神能認識自己在自然內的本質」。

精神哲學是黑格爾哲學體系的最高階段，它是研究理念由它的異化返回自身的科學。精神哲學所研究的對象實際上是人類精神。精神是自然的真理和終極的目標，它是理念的真正現實。因而精神的最高使命就是「認識自己」。精神的科學是最具體的，因而也是最高的。由於精神哲學涉及人自己，因而也是最困難的。人的問題是黑格爾哲學的中心議題，也是最高的問題。

黑格爾

絕對精神是黑格爾哲學中的一個基本概念，指作為宇宙萬物共同本質和基礎的精神實體。黑格爾認為它的存在是一個自我演化的過程，在自然界和人類社會產生之前，它是純粹邏輯概念的推衍過程，之後轉化為自然界，再後又自我否定，轉化為精神並返回自身。在這種廣泛的意義上，絕對精神和絕對理念是同義語。

狹義的絕對精神僅指精神階段上以人類意識形態出現的，通過藝術直觀形式、宗教表像形式和哲學概念形式自己認識著自己的精神，黑格爾把它規定為主觀精神（個人意識）和客觀精神（社會、國家、世界歷史）的統一。黑格爾的這個概念直接來自謝林關於最高本源是主體和客體的絕對同一性的客觀唯心主義原則，是剔除其非理性主義成分和加以辯證改造的結果。

在新黑格爾主義那裡，這個概念恢復了反理性主義的性質，並加進了主觀唯心主義的內容，絕對精神是絕對化了的、脫離了人和社會存在的社會意識形式，特別是哲學意識形態。馬克思主義哲學摒棄了黑格爾的這個唯心主義概念，但批判地肯定和吸取了絕對精神學說中對於人類發展某些真實關係的真實闡述。

揚棄，同時具有否定和肯定雙重意義。具有拾起、保存和取消、廢除等對立的二重含義。在德國古典哲學中，「揚棄」一詞首先見於康德的體系，在費希特的體系裡使用得最多，但

《邏輯學》

多是在該詞的否定意義上使用。在黑格爾的體系裡，則明確把揚棄作為同時具有否定和肯定雙重含義的概念加以使用。

揚棄是黑格爾的解釋發展過程的基本概念之一。他認為，在事物的發展過程中，每一階段對於前一階段來說都是一種否定，但又不是單純的否定或完全拋棄，而是否定中包含肯定，從而使發展過程體現出對舊質既有拋棄又有保存的過程，也就是揚棄的過程。黑格爾在《小邏輯》裡以揚棄概念說明德國語言富有思辨的精神。在馬克思主義哲學中，這一辯證概念也得到了應用。

黑格爾用「自在與自為」來表述絕對理念發展的不同階段。

「自在」即潛在之意，「自為」即展開、顯露之意。在黑格爾看來，絕對理念在自在階段，自身包含的對立面尚未展開，表現為存在、客觀性；到自為階段，表現為本質，潛在的區別和對立、鬥爭得以顯現，概念達到映現；最後發展到概念階段，思維征服、統一了存在，絕對理念就成了自在自為的、最真實的東西。存在是「自在的」、「潛在的」本質，本質是「自為的」、「展開了的」存在。

存在是同一個東西的「自在」，而本質則是它的「自為」。存在是本質的內容和現象，本質是存在的真理。從存在到概念的發展就是同一個東西由「自在」到「自為」的發展，是由非真理性到真理性、由不真實到真實、由直觀多樣性到多樣性統一、由表面現象到深刻本質的過程。黑格爾關於概念由「自在」到「自為」發展過程是敘述以「唯心主義」歪曲的形式表達了包括思維在內的整個世界由低級向高級發展的規律性，包含有豐富的辯證法因素。

由於在黑格爾哲學中同一個東西從「自在」階段到「自為」階段的發展是由存在到思維的轉化和由低級階段到高級階段的發展，因此，「自在」與「自為」可引申為自發與自覺的含義。

精神哲學是黑格爾哲學體系的第三部分，也是最高階段。黑格爾說，精神哲學是研究理念，是由它的異化而返回到它自身的科學。它以人類意識、社會生活為研究對象，目的在於揭示人類精神逐步實現自由達到絕對真理的過渡。在精神階段，絕對精神的發展經過三個階段：「主觀精神」、「客觀精神」、「絕對精神」。

主觀精神是指個人的精神。它是內在的未與自身以外的他物發生關係的，即尚未表現於外部社會制度和倫理道德風俗之中的精神。在這個階段中精神是主觀性的，因為精神在這裡還處於尚未展開的概念中，尚未使它的概念成為客觀性的東西。主觀精神分為「靈魂」、「意識」和「精神」三個階段，它們分別是「人類學」、「精神現象學」和「心理學」的研究對象。

客觀精神是精神的外部表現，是人的精神所創造的法律、社會、國家、風俗、習慣、倫理道德的世界。客觀精神以主觀精神最後達到的自由意志為出發點。全部客觀精神以自由為基礎，是自由意志的體現，依據自由意志的體現形式而分為三個階段：抽象法、道德、倫理。

絕對精神是主觀精神與客觀精神的統一。絕對精神既是唯一的、普遍的實體，也是自我認識的精神，它是實體和精神統一的無所不包的整體。絕對精神以「絕對」為認識對象和內容，按不同的認識方式，劃分為三個階段：「藝術」、「宗教」和「哲學」，當人的精神上升為哲學時，便與絕對精神合為一體，成為人類精神所能達到的最高形態、最高境界。

抽象與具體是一對常用的哲學範疇，原來有分離與聚合的含義。在黑格爾的哲學中，則又有特殊的含義。

通常所說的抽象，指在認識上把事物的規定、屬性、關係從原來有機體中孤立地抽取出來；具體是指尚未經過這種抽象的感性對象。黑格爾承認前面所說的抽象為抽象，但並不承認感性對象為具體。黑格爾認為具體是理性的具體，即具體就是以概念為本質的一切事物的多方面的規定、屬性、關係的有機整體性，以及它們在認識中的反映。在哲學史上黑格爾第一次按照上述含義使用這對範疇，明確把孤立、割裂、片面的思維方法稱為抽象思維，把不同現實性的統一、對立面的統一、普遍與特殊的統一作為具體性的根本特徵。

他主張世界上客觀存在著的真實事物、概念、真理都是具體的，都是不同規定性的對立統一。世界上絕沒有那種抽象的、孤立的、非此即彼的東西。具體性是概念、真理最基本的特性。哲學的目標就是要把握具體真理、具體概念。在黑格爾看來，要達到這個目標，認識必須經歷一個辯證發展的過程。這個過程是具體概念自我發展、自我認識的過程，是它所包含的各個規定性在內部矛盾推動下互相推移、轉化，由不統一到逐步統一的過程，也就是由抽象發展為具體的過程，最終，絕對理念是一個最具體的概念。

黑格爾在歷史上第一次對客觀事物的具體性和概念、真理的具體性作了哲學的概括，闡述了抽象與具體這對範疇的本質特徵、它們之間的辯證關係，以及認識由抽象上升為具體發展過程的一般特點。他對抽象思維的批判對於反對形而上學有重要意義。

51費爾巴哈「人本學」哲學思想的主要內容是什麼？

費爾巴哈在批判黑格爾哲學和宗教神學的過程中，建立了自己的唯物主義哲學。他認為，人本學的對象是人和自然界。在他看來，人本學的核心是人，而它的基礎和出發點則是自然界。其主要內容為：

費爾巴哈

1.自然界是第一性的永恆的實體。費爾巴哈堅持從自然界本身來說明自然界。他認為，自然界是不依賴於任何精神而獨立存在的，是一個非發生的、永恆的、第一性的實體，他強調自然界存在的原因就在於它自身，而不是由自然界以外的任何超自然的原因所創造的。費爾巴哈認為，自然界是物質的、感性的、有形的。在他看來，自然界不是什麼神秘的、虛無縹緲的東西，而是實在的、感官能夠感知的事物。

2.人是以自然為基礎的感性實體。人和人的本質的問題，在費爾巴哈哲學中居於核心地位。首先，他認為，人是以自然為基礎的、與自然界不可分割的物質統一體。人既不是上帝的創造物，也不是某種超自然的事物，而是自然界的產物。費爾巴哈認為，人是一個以肉體為基礎的靈魂和肉體相統一的實體。精神並不是獨立自存的實體，而是物質實體的屬性。人和人腦是產生精神活動的物質載體，而精神思維是人腦的機能和屬性。費爾巴哈也說到人不僅是自然界的產物、自然的人，而且也是社會的產物、社會的人。

3.人的認識是思維存在的反映。費爾巴哈從他的人本學唯物主義原則出發，堅持唯物主義的反映論。他認為，認識的唯一對象是自然界，認識就是思維對客觀對象的反映。費爾巴哈還批判了康德的不可知論，主張思維與存在具有同一性，客觀世界是可以認識的。在感性認識與理性認識關係上，他認為，認識始於感覺，但不能停留在感覺上，而必須從感覺上升到理性思維，但他又未區分開感性與理性之間質的差別。

第一，費爾巴哈揭露了宗教的本質是人的本質的異化。他指出，並非神按照他的形象造人，而是人按照他的形象造神。

《費爾巴哈哲學著作選集》

無論是自然宗教中的神還是基督教中的上帝，都是人的本質的異化，是人對自身本質的虛幻的反映。

第二，費爾巴哈分析了宗教產生的心理根源。他認為人的依賴感是宗教的基礎。所謂依賴感是指同人的生存條件密切聯繫的並自覺意識到的對超自身力量的崇拜心理。它包括對依賴對象的恐懼、畏怖、歡樂、感覺等感情。

第三，費爾巴哈還揭露了基督教中上帝產生的認識論根源。他認為，人以抽象思維能力從個別和感性事物抽象出共同的、一般的東西，形成「類」概念。這些概念本來是第二性的，而且不能脫離個別而獨立存在。但是，宗教卻把一般概念看成是脫離個別事物的獨立本質，並且是創造個別事物的原因。

52 馬克思主義哲學體系的主要架構和內容是什麼？

馬克思主義哲學是十九世紀後期形成的，繼承並總結了德國古典哲學的最高成就，吸收了黑格爾的辯證法和費爾巴哈的唯物主義內核，是德國古典哲學的集大成者。

馬克思主義哲學的主要內容可分為辯證唯物主義和歷史唯物主義兩大部分。其基本內容是將辯證法與唯物主義有機地結合起來，創立了一套嶄新的理論，具體包括世界本源問題、辯證法思想、範疇、認識論、歷史唯物主義等內容。主要思想是：物質是世界本源、物質決定意識；物質時刻在運動，運動是有規律的；人類意識是對客觀物質世界的能動反映；社會存在決定社會意識，經濟基礎決定上層建築；人類社會發展具有規律性；人民群眾是歷史發展的推動者。

馬克思主義哲學對於世界的影響極其廣泛，先後傳入俄國、中國等國家，為十九、二十世紀的無產階級革命運動提供了思想武器。在長期的革命運動中，列寧、毛澤東等人將馬克思主義哲學與本國實際相結合，創立了列寧主義、毛澤東思想等哲學理論，對世界產生了極其深遠的影響。

馬克思

馬克思主義哲學堅持世界的物質統一性。關於世界本源的問題，包括兩個方面：1.世界上多種多樣的事物有沒有統一性。對這一問題有一元論和二元論、多元論幾種。2.如果世界萬物存在著統一性，那麼它們統一於什麼？在這一方面有唯心主義和唯物主義的不同回答。

馬克思主義哲學關於世界本源的問題，首先承認其具有統一性，即一元論；其次主張其統一於物質性。馬克思主義哲學主要從宇宙、人類社會和思維三個方面論證世界的物質統一性。首先，馬克思主義哲學認為宇宙是物質的，整個宇宙由不斷運動著的客觀實在組成。其次，人類社會是自然的產物，是物質世界發展的高級階段。人類社會的存在和發展，離不開它的物質生活條件，而人們的物質生活條件和在此基礎上形成的各種社會關係，歸根結柢都是由物質力量即生產力和生產關係所派生的，人類社會發展的歷史就是物質生產發展的歷史。

科學不僅證明了世界上千差萬別、無限多樣的事物和現象，包括一切精神、意識現象，都統一於客觀實在的物質，而且證明了一切事物和現象都存在物質所固有的共同的基本屬性和基本規律，世界上所存在的運動、時間、空間等都是物質的基本屬性或存在形式。唯物主義所揭示的規律則是物質運動發展的基本規律。

世界的物質統一性原理是辯證唯物主義的基礎，辯證唯物主義以這一原理為基礎，並將其貫徹到底，形成完整的科學的物質一元論。這一原理對自然科學和社會科學的研究有著重要意義，也是從事一切實際工作的立足點和出發點。

(1) 馬克思主義哲學的科學性特徵

首先，馬克思主義哲學第一次科學地確定了哲學研究的對象，正確地回答了哲學與各門具體科學的關係問題。在它看來，哲學是關於世界觀和方法論的學問，是一門研究和揭示自然、社會和人類思維發展的最一般規律的科學。其次，馬克思主義哲學是嚴密的完整的科學體系，既是唯物主義和辯證法的有機統一，又是唯物辯證法的自然觀與歷史唯物主義的有機統一。

(2) 馬克思主義哲學的實踐性特徵

馬克思主義哲學在談到自己哲學的任務時明確指出：「以往的哲學家們只是用不同方式解釋世界，而問題在於改變世界。」改變世界的人類社會實踐，是整個馬克思主義哲學的基礎。

(3) 馬克思主義哲學的階級性特徵

哲學屬於上層建築，是為經濟基礎服務的。在階級和階級鬥爭存在的社會中，哲學總是反映一定階級的利益和願望，具有階級性。馬克思主義哲學在哲學史上第一次揭示了哲學的階級性，公開聲明自己是無產階級世界觀的理論體系，是廣大人民群眾首先是無產階級認識世界、改造世界的精神武器。

唯物辯證法揭示了自然界、人類社會和人類思維的最一般的發展規律。對立統一規律、質量互變規律和否定之否定規律是唯物辯證法的基本規律。其中對立統一律是唯物辯證法的實質和核心。

對立統一律又稱矛盾規律，是宇宙的根本規律。矛盾的統一性和鬥爭性是對立統一規律的最基本的一對範疇。矛盾即對立統一，雙方既對立又統一反映了事物內部或事物之間相互聯繫的本質。對立統一規律又可分為矛盾的普遍性和矛盾的特殊性。

質量互變規律是唯物辯證法的另一規律。其基本內容為量變引起質變，質變後會出現新的量變。質量互變規律就是揭示事物發展狀態和過程的規律。量變是事物發展過程中一種不顯著的、非根本的變化，它表現為事物數量的增減和空間形式的變通。質變是事物性質的變化。在質變時，事物呈現顯著變動狀態。事物的質變可以通過突變的、爆發的形式實現，也可以通過非突變的、非爆發的形式實現。

由事物內部肯定方面與否定方面的矛盾運動形成了事物由肯定到否定，再到否定之否定的過程，這就是否定之否定規律的基本內容。否定之否定規律揭示了事物的發展道路和趨勢。唯物辯證法認為事物的否定是事物的自我否定，是事物內部矛盾發展的必然結果。事物的辯證否定是事物自己發展自己、完善自己和合乎規律的過程。這個過程是經過兩次否定、三個階段（肯定——否定——否定之否定）這樣一個發展周期而實現的。同時，否定之否定規律從形式上揭示了事物發展的波浪式前進或螺旋式上升運動。

1.辯證唯物主義認識論是徹底的可知論，辯證唯物主義認識論承認世界的可知性，但並不否認認識的相對性和認識中的矛盾，不是說人們已經把世界上的事物都認識完了，而是說世界上的事物只有已知與未知之分，沒有可知與不可知之分。人可以正確地認識整個世界，對於社會實踐的無止境的發展和人類的世代延續而言，人的認識能力沒有不可逾越的界限。

2.辯證唯物主義是唯物主義的反映論。一切唯物主義從物質第一性、意識第二性這個根本前提出發，都認為認識是人的頭腦對客觀事物的反映，這就是反映論。反映論是唯物主義認識論的共同原則和基礎。反映論承認認識的唯一源泉是外部世界，認為沒有被反映者就沒有反映，反映是對被反映者的摹寫，認識能夠提供關於客觀對象的正確映象。

3.辯證唯物主義認識論是能動的革命的反映論。首先，辯證唯物主義認識論把實踐的觀點引入認識，把實踐作為全部認識的基礎，科學地解決了主客體之間的關係，克服了舊唯物主義認識論的根本缺陷。其次，辯證唯物主義認識論把辯證法應用於反映論，科學地揭示了認識的矛盾運動的辯證過程，正確地解決了主體與客體、認識和實踐、感性認識和理性認識、現象與本質、絕對真理與相對真理、有限與無限等一系列矛盾問題，克服了形而上學唯物主義把認識看作是無矛盾的、一次完成的、消極被動的反映的缺陷。

歷史唯物主義是馬克思主義哲學的重要組成部分，它以歷史條件和社會關係作為理解人及其歷史活動的出發點。其基本觀點可以歸結如下：

1.物質資料的生產活動是人類社會賴以生存的前提，物質生活資料的生產活動是使人類和動物區別開來的第一個歷史活動，也是人類賴以生存和發展的前提。而人類生存發展的前提也就是整個社會歷史運動的基礎。

2.由生產力和生產關係、經濟基礎和上層建築構成統一的社會有機體。歷史唯物主義發現人們在物質資料生產中彼此之間結成的社會關係總和構成社會的經濟結構。這種社會的經濟結構是社會的經濟基礎，在它之上豎立著由政治法律制度和社會意識形態構成的上層建築。而上層建築是由經濟基礎所決定的，作為經濟基礎的生產關係又以生產力為其根源。

3.社會矛盾是社會發展的內在動力。歷史唯物主義認為，社會是在其內部矛盾的推動下不斷發展變化的有機體。生產力和生產關係之間的矛盾、經濟基礎與上層建築之間的矛盾是社會的基本矛盾，其內部的變化推動著社會發展。

4.人民群眾是歷史的推動者。歷史唯物主義認為，社會歷史首先是物質資料生產的歷史、勞動群眾的歷史；人民群眾是歷史的創造者，是推動歷史前進的決定力量。

5.社會的發展是一個自然的歷史過程。歷史唯物主義認為，歷史的一切變化都必須通過人們的活動完成，人類歷史是人們自己創造的，但他們並不是隨心所欲地創造，不是在自己選定的條件下創造，而是在直接碰到的、從過去繼承下來的既定條件下創造。

53什麼是實證主義，其主要代表人物有哪些?

實證主義是西方一種強調感覺經驗，排斥「形而上學」的哲學派別。十九世紀三〇~四〇年代產生於法國和英國，創始人是法國哲學家孔德，主要代表人物還有英國的密爾和斯莫塞。

實證主義主要有以下幾個基本特徵：

1.以現象論證的觀點為出發點。它主張現象即實在，是有用的、確定的、精確的、有機的和相對的。只有現象或事實是「實證的東西」，把現象當作一切認識的根源，要求科學知識是「實證的」。實證主義者不承認現象之外有什麼東西存在，把認識限制在現象範圍之內。實證主義者接受了不可知論的觀點，認為科學認識只能達到可感覺的現象。

2.對經驗作現象主義解釋，主張從經驗或直接所予出發，拒絕通過理性把握感覺材料。

3.把處理哲學與科學的關係作為其理論的中心問題，同時也帶有一定程度的科學至上和科學萬能的傾向。他們認為，僅僅具有確實根據的知識才是科學的。科學即實證知識，它是人類認識發展的最高階段。研究人的心理和行為以及社會狀況都要靠實證的科學方法，科學和科學方法使哲學也成為實證的。

實證主義把先前的各種哲學思潮包括唯物主義和唯心主義哲學，都當作「形而上學」來反對，其實質在於否定哲學本身。實證哲學之所以冠上「實證」一詞，在於表明它已經不再屬於原來意義上的哲學，而將哲學溶解在科學之中。

54新康德主義的主要代表人物和思想是什麼？

新康德主義是在馬克思主義哲學的產生和自然科學的發展、實證主義哲學遇到危機的歷史條件下出現的。它產生於十九世紀六〇年代的德國，七〇年代後流傳到英、法、意等國。其中影響較大的有生理學派、馬堡學派和弗賴堡學派。

新康德主義的主要特徵是打著「回到康德去」的旗號，曲解和利用當時數學、物理學、神經心理學等自然科學的成果，從先驗的「心理——生理」、「先驗邏輯」或先驗的「普遍價值」等角度對康德哲學進行詮釋，使其徹底唯心主義化。例如，新康德主義各學派都一致否認康德的「物自體」存在的學說。生理學派的代表朗格認為，人們誤認為經驗之外有「物自體」存在，是由於人們不了解因果性範疇的先驗性，而把這種因果關係當成了物與物之間的關係。弗賴堡學派的創始人文德爾班斷言，「物自體」並不外在於經驗，它不過是「人的心靈的創造物」。而馬堡學派的創立者柯亨則直接把「物自體」解釋成「經驗本身」，解釋成「觀念」。可見，新康德主義哲學是從康德哲學體系的內在矛盾出發向右轉的，是一種主觀唯心主義的哲學派別。

新康德主義學派還認為康德的倫理學是一種社會主義的理論，奉康德為社會主義的奠基者，主張社會主義只是一種道德理想，在現實生活中是達不到的；走向社會主義的道路只能是道德的自我完善，對社會主義不抱功利觀點，這就是所謂倫理社會主義。

新康德主義流派從它強調把哲學歸結為方法論、認識論而迴避本體論來說，類似於實證主義，但它不像實證主義那樣把認識局限於感覺經驗，而強調純粹思維，強調知識的邏輯結構。

這個流派從十九世紀六〇年代起嶄露頭角，到七〇年代形成一個派別，成為資產階級自由派的思想旗幟，九〇年代前後廣泛流行，又成為社會主義的理論基礎。二十世紀初第一次世界大戰前後該派解體，其中一部分轉向新黑格爾主義。

55馬赫主義的主要哲學思想和代表人物有哪些？

馬赫主義是實證主義的第二代，是一種唯心主義哲學。它以創始人奧地利物理學家、心理——生理學家馬赫而得名。它的另一個創始人是德國哲學家阿芬那留斯。

要素一元論是馬赫主義的核心內容。「要素」是馬赫杜撰的概念，其實它就是指感覺。馬赫主義認為，世界上的物體都是要素的複合體。為什麼要用要素代替感覺呢？在馬赫主義看來，感覺看上去像是純主觀的、心理的東西，而要素是中性的、非心非物的東西，物理的東西和心理的東西不過是要素間的不同組合。這樣，馬赫便宣布克服了心物二元論，完成了一個統一的、一元論的、凌駕於唯物主義和唯心主義之上的中立哲學。

馬赫

馬赫還認為，科學不是對客觀世界及其規律的正確反映，而是描述感覺要素函數關係的「思維經濟」的體系，馬赫提出，對於事實要用最少量的思維上的消費，做出盡可能完善的陳述。這就是他的所謂「思維經濟原則」。

馬赫主義在德國、奧地利產生以後，迅速在西方流行，為不少自然科學家和哲學家所接受。受馬赫主義影響的兩個很大的哲學流派是實用主義和邏輯實證主義。

56實用主義的主要哲學觀點、代表人物及其發展歷程是什麼？

實用主義是十九世紀末產生於美國的一個屬於經驗論哲學路線的派別，其主要代表人物的哲學觀點雖各有千秋，諸如關注觀念和命題的意義，推崇真理的效用性，強調思維的工具作用等等，但他們都把哲學局限於經驗範圍，並注重「行動」、「生活」、「效果」，把知識當作適應環境的工具，把真理等同於「有用」。實用主義較為突出地反映了美國資產階級急功近利的思維方式和生活方式，從而成為美國二十世紀以來影響最大的哲學流派之一。

皮爾士

實用主義作為一種哲學思潮發端於一八七一～一八七四年間在哈佛大學所建立的「形而上學俱樂部」，主要成員有實用主義創造人皮爾士和後來的詹姆斯、心理學家賴特等。皮爾士提出，思維的任務在於確立信念，信念導致行動，觀念的意義取決於效果。他所提出的徹底經驗主義和有用概念使真理成了實用主義的經驗和真理論的典型形式。杜威對實用主義作了進一步的發揮，他所提出的經驗自然主義和工具主義在實用主義的發展中頗有影響，尤其重要的是他把實用主義的一般原則推廣於政治、道德、教育等方面以及社會生活的各個領域，從而大大擴展了實用主義的影響範圍，促使實用主義在很長一段時期內成了美國佔統治地位的哲學。

二十世紀四〇年代以後，實用主義在美國哲學中的主導地位逐漸被一些從歐洲傳入的後起的哲學流派所取代。

實用主義方法論的根本原則，是一切以效果、功用為標準，其目的在於調和唯物主義和唯心主義、科學與宗教等的對立。實用主義不同於傳統哲學的特點之一，是從方法入手講哲學，它有時甚至把哲學僅僅歸結為方法問題，聲稱實用主義不是什麼系統的哲學理論，而是一種方法。

在實用主義者看來，概念、理論並不是世界的答案，判別它的意義和價值，不是看其是否正確反映客觀實際，而是看其在實際應用中可感覺的效果。詹姆斯把它進一步發揮為純粹從功利主義出發的效果至上的原則。實用主義者把這個注重效果的方法引為反對「形而上學」的普遍方法。按照這一方法，傳統哲學中唯物主義和唯心主義的論爭都被認為是無意義的形而上學之爭。

實用主義批評傳統哲學把認識的主體、經驗者同被認知的對象、經驗分開，把精神和物質當作兩個不同領域的東西的觀點。在實用主義者看來，「經驗」既不是主觀的，也不是客觀的，而是超越物質和精神的對立的「純粹經驗」或「原始經驗」，「經驗」是一個「具有兩套意義的字眼，它既包括一切主觀的東西，也包括一切客觀的東西」。

實用主義經驗論具有一些新特點：1.強調經驗的能動性，人能夠按照自己的意志利用環境，使環境發生有利於自己的變化。2.實用主義者反對把經驗和理性對立起來，認為在經驗中就包含著理性因素。

實用主義關於認識和真理的理論與其經驗論密切相關。它認為人的認識、思維是經驗的一種方式，是人的適應行為和反應的機能，它並不提供客觀世界的主觀映象，認識也不是要探尋什麼客觀真理，而是為了求得適應環境的滿意效果，使生活愉快、安寧和滿足，這樣，有用和無用便成為劃分真理和謬誤的標準。「有用便是真理」，這是實用主義關於真理的根本觀點。

57 什麼是邏輯實證主義？

邏輯實證主義產生於二十世紀二〇年代，它是馬赫主義的後裔。邏輯實證主義這一稱謂同「維也納學派」的出現相聯繫，並以該學派的主要人物石里克、卡爾納普等為其代表，其先導是羅素和維特根斯坦創立的邏輯原子主義。

邏輯實證主義是對本世紀初自然科學革命的一種反映。這場科學革命最主要的成果有兩個，第一是以相對論和量子力學為標誌的現代物理學；第二是由於對數學基礎的研究而產生的數理邏輯。

邏輯實證主義強調，哲學不是包羅萬象的理論體系，也不應當去發現世界的本質和普遍規律，因為那是毫無意義的「形而上學」，應當加以拒斥。哲學只是闡明命題意義的一種分析活動

羅素

和分析方法。確定命題有無意義的標準是所謂「經驗證實原則」，即只有被經驗證實或證偽的命題，才是有意義的命題，否則，就是毫無意義的、無真假可言的、似是而非的命題。

關於世界的本質是物質還是精神，是一元還是多元這類問題，既不是邏輯問題，也不能被經驗所證實，因此是沒有認識意義的似是而非的命題，是濫用語言的結果，應當加以摒棄。邏輯實證主義試圖通過這種把哲學基本問題排除在科學知識範圍之外的做法而迴避哲學基本問題，但是，正因為他們把整個世界看成是經驗的世界，而又傾向於把經驗看成主觀感覺經驗，所以實質上仍然是主觀唯心主義的世界觀。

58批判理性主義的哲學觀點是什麼？

從二十世紀五〇年代到六〇年代，一度代替邏輯實證主義而興盛的是波普爾的批判理性主義。波普爾是著名英籍奧地利哲學家。波普爾認為，科學方法不是歸納法，而是假設演繹法。具有普遍有效性的科學理論不是來自經驗的歸納，而是來自科學家的靈感或直覺對問題的猜測。

由於科學理論都是一些大膽的猜測，因而它們都是暫時性的假設。它們不是真的，而是「假的，即今後必定要被經驗證偽的。這樣，波普爾就針對邏輯實證主義的「經驗證實原則」提出一種「經驗證偽原則」。他認為，科學中沒有永遠不被證偽的理論，科學的發展總是遵循著問題→假設（猜測）→證偽（反駁）→新的問題……這樣一種動態模式，不斷清除假設中的錯誤而前進的。通過這種猜測、反駁、再猜測、再反駁的不斷循環往復，人類的認識才得以不斷接近客觀真理。由於強調理論的證偽，並否定理論可以證實，波普爾的批判理性主義又被稱為「證偽主義」。

波普爾的這種證偽主義實際上是把認識限制在語言領域內的邏輯實證主義的反面。波普爾強調全稱命題的經驗證實和經驗證偽之間的不對稱性，指出歸納不能給人以必然的知識，這是有道理的，但是以此來否定歸納法，則是不可取的。

59 歷史主義學派的主要思想及其代表人物有哪些？

二十世紀六〇年代以來，西方科學哲學經歷了從邏輯主義向歷史主義的轉變，其標誌是歷史主義學派的興起。這一轉變的現實背景是由於第三次科學技術革命，特別是系統論、控制論和信息論以及電子電腦的應用給自然科學帶來的急速發展和整體化、社會化的新趨勢。它的主要代表人物有美國的庫恩、拉卡托斯、費耶阿本德、夏皮爾等。

歷史主義學派不同於邏輯主義的特點是：第一，把科學哲學的研究與科學史的研究結合起來。第二，主張把科學看成是整體性的統一事業，體現了現代自然科學和社會科學中整體性的觀點和方法。第三，重視科學發展動態模式的研究，反對靜態地研究科學問題，強調科學的發展是量變與質變交替的過程。

歷史主義學派是作為邏輯主義的科學哲學的對立面而形成和發展起來的。它強調方法論規範和合理性標準不是固定的，它仍像科學理論一樣是發展的，並且隨著科學理論的發展而發展，因此並不存在可藉以對一切科學和專門科學兩者做出評價的普遍有效的方法論和認識論標準。它認為科學哲學是描述科學家實際如何做的問題，而不是像邏輯經驗主義者那樣去研究科學家應該如何做的問題。因此，歷史主義學派對科學哲學的研究往往是基於對科學研究實際活動方式的透視，從而擁有豐富的科學史料的支持。

庫恩是歷史主義學派的創始人，他的學說具有代表性。「範式」概念居於其哲學的核心地位。「範式」又稱為「專業母體」，是一個帶有整體性的概念，主要指某一科學家集團在某一專業或科學中所具有的共同信念。這種信念規定了

庫恩

他們共同的基本理論、基本觀點和基本方法，為他們提供了共同的理論模式和解決問題的框架，從而形成該學科的一種共同的傳統，並為該學科的發展規定共同的方向。

60 什麼是結構主義，其主要代表人物有哪些？

結構主義是二十世紀六〇年代，在法國興起的一個十分活躍並很快取代了存在主義而佔主導地位的哲學流派。科學發展一體化的趨向以及自然科學與社會科學的互相滲透，使得整體性觀點和方法（結構的方法、系統的方法、模型的方法）不僅被廣大自然科學家們接受，而且也為社會科學家、人文科學家所重視和採用。他們對現代人本主義的非理性主義方法感到不滿，要求以科學的方法取代它。

列維——斯特勞斯

結構主義源於瑞士語言學家索緒爾的結構主義語言學派。結構主義的典型代表是法國的人類學家列維——斯特勞斯。

結構主義的一般傾向是：第一，強調結構的整體性，認為整體對於它的部分具有優先地位，認為在結構系統中，「關係」決定各成分的性質和作用，而成分本身沒有獨立的意義，只能從關係中獲得意義。第二，強調深層結構高於表層結構，要把握深層結構只能用「重新構造」的方法。第三，強調共時態重於歷時態。共時態即橫斷面的靜態結構，歷時態即縱向動態的事件系列。第四，主張「主體移心化」，即把社會歷史的中心從個人或自我轉移到結構上來。第五，強調「結構」的客觀性，但否認結構的客觀物質基礎，認為「結構」來自人類固有的「無意識機制」。

結構主義者一般都是先驗主義者，他們認為，決定社會生活現象性質和變化的內部結構不是客觀社會生活自身固有的，而是由人的心靈無意識地投射於社會文化現象之中。因而人的心靈的構造能力是第一性的，社會生活的內在結構或秩序是第二性的。

61 什麼是唯意志論，其代表人物有哪些？

唯意志論是一種主張意志是宇宙的本體、意志高於理性的唯心主義和非理性主義哲學，產生於十九世紀二〇年代的德國，流行於十九世紀下半期和二十世紀初，主要代表人物是德國的叔本華和尼采。

叔本華用「意志」代替了康德的「物自體」，認為意志是

叔本華

尼采

整個世界的基礎，是終極的實在，一切事物都是意志的表現，思想也是意志的派生物。在他看來，世界是意志及其表像，表像上溯到理智，但最終歸結為意志，而作為宇宙本體的意志是一種完全敵視客觀物質世界的神秘的生活力，亦即一種無理性的、永不衰竭的創造力。這個意志無所不在，永不死滅。它在人心中表現為衝動、本能、奮進、渴望和要求。唯意志論用意志解釋宇宙萬物，完全否定了自然界和人類社會獨立於主觀意志之外的客觀存在及其規律性，同時也否定了理性思維認識世界的可能性。

叔本華認為意志不僅是產生萬物的根源，也是世上一切罪惡和痛苦的根源，所以痛苦也永無終極。

尼采繼承了叔本華的唯意志論，拋棄其消極悲觀的因素，宣揚積極行動的「權力意志論」。他給叔本華提出的那種無目的、無意義的單純的生命意志以一定的目的和意義。這個目的就是渴望權力、渴望統治。他認為追求和發揮要求統治的權力意志，既是宇宙的本質，又是自然和社會的唯一動力，也是最高的生活原則和道德原則。他把戰爭看作是權力意志的最高實現，認為強力就是道德。

尼采是一個反理性主義者，認為人的感覺、思維等都只不過是意志的表現並受意志的支配，人的一切行動都受意志的主宰，是意志所創造的活動。在他看來，如果認為理性高於意志，那就否定了意志的這種創造性。他也否認理性能把握世界的本質，即意志。

以叔本華和尼采為代表的唯意志論，特別是其非理性主義傾向，對十九世紀末二十世紀初流行於德、法等國的生命哲學和歷史哲學，尤其對柏格森的直覺主義，以及存在主義和實用主義等都發生了極大影響。

62 什麼是生命哲學，其代表人物的主要哲學思想是什麼？

生命哲學是一種試圖用生命的發生和發展來解釋宇宙，甚至解釋知識或經驗基礎的唯心主義學說。十九世紀末二十世紀初流行於法國和德國，它是在叔本華的生存意志論和尼采的權力意志論、達爾文的生物進化論和斯賓塞的生命進化說以及法國居約的生命道德學說的影響下形成的。德國哲學家狄爾泰·奧伊肯是其主要代表人物。

生命哲學是對十九世紀中期的黑格爾主義和自然主義或唯物主義的一種反抗。生命哲學家不滿意黑格爾所主張的嚴酷的理性，不滿意自然主義或唯物主義所依據的因果決定論，認為

狄爾泰

這些是對個性、人格和自由的否定。他們要從生命出發去講宇宙人生，用意志、情感和所謂實踐或活動充實理性的作用。他們聲明自己並不反對自然科學和理性，只說這些經驗或知識不完全，必須提高意志、情感的地位，才能窮盡「生命」的本質。但他們誇大生命現象的意義，把生命解釋為某種神秘的心理體驗，從而使這種觀點帶有濃厚的主觀唯心主義色彩。

生命哲學對現象學的創始人、德國的胡塞爾和主張「信仰意志」的美國哲學家詹姆斯等人均有過重要影響。

63存在主義的主要哲學思想及其代表人物有哪些？

存在主義是於二十世紀二〇年代末三〇年代初伴隨著世界經濟危機和第一次世界大戰帶來的浩劫首先在德國和法國發展起來的。其代表人物有德國的海德格爾和雅斯貝爾斯、法國的沙特和梅洛—龐帝等。

存在主義的根本特點是把孤立的個人的非理性意識活動當作最真實的存在，並作為其全部哲學的出發點，它自稱是一種以人為中心，尊重人的個性和自由的哲學。

存在主義不是一個統一的哲學流派，它的各個代表的思想往往有不少差異。但是，這些存在主義的代表人物，在以下幾個方面是一致的：1.他們都反對以往一切從認識論角度研究世界的哲學，特別是唯物主義和傳統的理性主義哲學。2.都把孤立的、非理性的個人存在，當作全部哲學的基礎和出發點。3.都把外部世界看作偶然的、沒有確定性的、無意義的、荒誕的、與個人相敵對和疏遠的世界。

64存在主義者關於「本體論」這一哲學問題的基本觀點是什麼？

存在主義者對於探究世界基礎和本質的傳統哲學，無論是唯物主義的還是唯心主義的，都一概採取否定態度。但他們並不同意實證主義等企圖取消本體論，而把哲學歸結為純粹的認識論、方法論的立場。他們強調本體論、世界觀問題在哲學中具有首要意義，海德格爾就將他的哲學稱為「基本本體論」，沙特稱他的哲學為「現象學本體論」。

他們認為傳統哲學的錯誤不在於研究本體論問題，而在於其研究方向不對，他們改變了研究方向。海德格爾認為傳統哲學的本體論是在沒有弄清楚存在本身的含義或者說存在究竟是怎樣「在」以前，就回答它們是什麼，以存在者是什麼的問題代替了什麼是「在」的問題。因此，他認為要克服以往本體化的錯誤，關鍵在於要從對「存在者」的研究轉向對「在」的研究。

其他存在主義者對本體論的具體論述與海德格爾有所不同，但他們都肯定本體論的根本任務不是論述外部世界或者精神的存在，而是描述人的本質的存在，即個人的非理性的意識活動的存在。

存在主義者宣稱，他們的認識論不假定任何前提，只是對人的本質存在的一種揭示和證明，從而避免了唯物主義和唯心主義的片面性。其實，他們是把個人非理性心理活動的存在當作前提，而且並未超出個人中心論的範圍。因此，儘管他們自稱基本本體論是一種抬高人的地位的人道主義理論，但實際上卻是一種使人脫離客觀實在的主觀唯心主義和非理性主義的理論。

65弗洛伊德精神分析學說的主要內容是什麼?

弗洛伊德主義又稱精神分析學說，產生於十九世紀末二十世紀初，是從實用科學中衍生出來的哲學派別。其代表人物是奧地利精神病科醫生弗洛伊德。這派學說的理論基石是關於「無意識」的思想。

弗洛伊德認為，在人的正常意識背後，還隱藏著另外一個強有力的心理能量，因而，人的心理結構不是單一的，而是由意識、前意識、無意識三個不同的層次構成的。無意識是人類精神中最原始的因素，是先天的本能、欲望，它包含著巨大的心理能量，總是按照「快樂原則」尋求發洩的出路以滿足自身。因此，它是人類行為最根本的動力源泉，這種強大的內驅力決定著人的全部精神生活。

從根本上說，無意識的心理能量是性的本能衝動，弗洛伊德稱之為「里比多」。「里比多」與生俱來，隨著人的成長而發展。如果「里比多」在某一發展階段上遇阻受挫，出現停滯或倒退，就會引起性變態，這就是歇斯底里的病因。但是人類為了維持社會的穩定發展，又不得不對個人的本能欲望施以限制以至壓抑。如果被壓抑的性本能轉變為科學文化領域中的創造力，就表現為社會所能接受的方式——昇華。可見人類文化的發展總要以犧牲個人幸福為代價。弗洛伊德在晚年更致力於用這種泛性主義理論去解釋社會和歷史現象。

精神分析學說對無意識的探討，開拓了一個全新的認識領域，尤其是從個體心理發展史的角度對世人諱莫如深的性心理活動的研究，對精神科學和實用醫學都是有價值的。但是這一學說誇大了無意識的作用，把意識放在從屬於無意識的地位，這就貶低了理性，違反了科學的進化論。

66社會哲學的主要思想內容和代表人物有哪些？

社會哲學是二十世紀法蘭克福學派所主張的一種哲學思潮。其基本立足點是企圖將馬克思主義與弗洛伊德主義結合起來以對資本主義社會的種種現象作出解釋。這一學派因法蘭克福社會研究所而得名，它的主要代表人物有霍克海默、阿道爾諾、馬爾庫塞、弗羅姆、哈貝馬斯等。

霍克海默認為，馬克思主義的本質就是批判，批判理論的基礎是人道主義，因此他特別注重從馬克思早期著作中發掘人本學思想。批判理論並不把事實看作具有永恆價值的東西，而是要從資本主義經濟制度、經濟範疇這些事實的背後，找出對勞動的剝削、人的異化等深層的社會關係現實。它不是旨在幫助社會再生產過程，不主張同現存秩序相調和，而是要破壞一切既定事實，推翻現存社會再生產過程，它認為，這種產生於後資本主義時代的否定理論才是真正的辯證法，是無產階級政治實踐的一個組成部分。

馬爾庫塞是法蘭克福學派中影響最大的人物。他肯定黑格爾哲學的傳統，但他強調理性的否定力量，認為只有把事物的一切現存形式都看成否定的、「壞的」，才能推動事物的變革。隨著技術的進步和物質生活資料的日益充裕，社會對性本能的壓抑越來越無必要，文明完全有可能在非壓抑的條件下發展。因此應該推翻現代社會中的過剩壓抑，使性本能不受束縛地發展。

哈貝馬斯是法蘭克福學派第二代的代表人物。他繼承了這一學派的社會批判理論，並從這一基點向右轉。和馬爾庫塞比起來，哈貝馬斯似乎更強調社會的時代已經變了，馬克思主義過時了，應該對其進行全面的「重建」。在這個意義上，哈貝馬斯的理論是對馬爾庫塞學說的發展。

67 什麼是新托馬斯主義，其代表人物有哪些？

新托馬斯主義是十九世紀末出現於西方的一種基督教哲學的新形態，羅馬天主教會的官方哲學，亦稱新經院哲學。它淵源於中世紀托馬斯·阿奎那的學說，是一個具有完整的以上帝為核心、以信仰為前提、以科學為根據的宗教唯心主義哲學理論體系。其主要代表人物有法國的吉爾松、德國的格拉布曼·弗里斯、瑞士的波亨斯基、奧地利的韋特爾、比利時的斯丹貝根和義大利的法勃洛等。

從十九世紀起的半個世紀裡，新托馬斯主義致力於理性與信仰、科學與宗教、經驗與超驗、人類與上帝、人性與神性、個人和社會、個人與國家之間的調和，企圖建立一個以上帝為中心的綜合體系。

新托馬斯主義同中世紀的老托馬斯主義一樣，始終以上帝為最高原則，以上帝為一切事物的出發點和終結點。不同的是，它為了適應時代的需要，突出認識論和自然哲學，力圖論證理性和信仰、科學和宗教的一致性。

68 新托馬斯主義關於「第一哲學」的基本觀點是什麼？

新托馬斯主義的代表馬里坦，接受了托馬斯的「兩重真理」說。即哲學只有相對的真理性，最終還是要置於神學的控制之下。馬里坦還對這一論斷做了一番注解。他說：「神學高於哲學。哲學既不是在前提上，也不是在其方法上，而是在其結論上臣屬於神學，神學對這些結論行使著

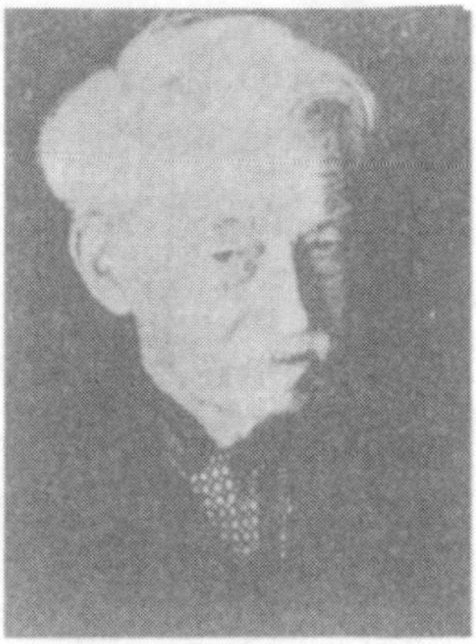

馬里坦

一種控制權力，因此它自身便成為哲學的一種消極規律。」這種消極規律雖不否認哲學有「追求真理的自由」，但是能阻止哲學的「犯錯誤自由」。

在前提問題上，哲學與神學是一致的。馬里坦把形而上學看作新托馬斯主義的「第一哲學」，是解決其他一切問題的前提。他接受了古典的定義，認為形而上學是探索世界本體的理論。世界的本體就是「存在」，「存在」是一種絕對的、超越一切有限物的存在。馬里坦認為，非本體的存在「渴望」著本體的存在，就像信徒盼望上帝降臨一樣。上帝就是最高的形式，是一切形式的形式，它是世界的本源，也是萬物的本源。因此，哲學的最高問題也就是神學問題。

69什麼是「過程哲學」，其主要代表人物有哪些？

過程哲學是一種主張世界即是過程，要求以機體概念取代物質概念的唯心主義哲學學說，又稱活動過程哲學或有機體哲學。過程哲學主要研討五個概念：變化、持續、永恆客體、機體、價值和混合。它涉及自然科學、社會科學、美學、倫理學和宗教學等領域，並由此構成對宇宙的總看法，因而它又被稱為宇宙形而上學或哲學的宇宙論。過程哲學的創始人是英國的懷特海，其後是哈特肖恩。

懷特海把宇宙的事物分為「事件」的世界和「永恆客體」的世界。事件世界中的一切都處於變化的過程之中，各種事件的綜合統一體構成機體，從原子到星雲、從社會到人都是處於不同等級的機體。機體有自己的個性、結構、自我創造能力，機體的根本特徵是活動，活動表現為過程。懷特海認為，自然和生命的分開是不能被理解的，只有兩者的融合才

懷特海

構成真正的實在，亦即構成宇宙。所謂「永恆客體」，在懷特海那裡只是作為抽象的可能性而存在，並非人們意識之外的客觀實在，它能否轉變為現實，要受到實際存在客體的限制，並最終受上帝的限制。

哈特肖恩繼承和發展了懷特海的觀點，而且表現出更加濃厚的宗教唯心主義色彩。他強調「連續性」這個概念，認為萬物都是有感覺的、有心靈的。哈特肖恩在這種泛心論的基礎上，認為上帝是有意識的，是無所不知的，萬物都包攝於上帝之中。

二十世紀六〇年代以來，過程哲學在美國有些影響，它與基督教有密切關係，同時又力圖以系統論等新學科的成就來為過程哲學論證。

70現代西方哲學的主要特徵是什麼?

從現代西方哲學分化、合流的複雜的歷史演變中，我們可以看出它的若干主要特徵：

第一，作為晚期的資產階級意識形態，現代西方哲學已不再具有統一而又完整的理論形態了。

第二，在資本主義國家中，除了一些次要的具有唯物主義傾向的流派，如「實在論」、「科學唯物主義」等以外，現代資產階級哲學幾乎都是唯心主義。

第三，現代西方哲學的唯心主義性質在其歷史哲學和社會學中得到了更加鮮明的體現。這集中表現在兩個思潮中的諸哲學流派對社會發展客觀規律性的否定和所作的對唯心主義的解釋上。

第四，從總體上說，現代西方哲學是作為現代西方資產階級的意識形態出現的。但是，各種學說、各種流派的政治傾向和政治態度又有所區別。

71現代西方哲學的發展趨勢是什麼?

科學主義思潮和人本主義思潮各執一端，反映了現代西方哲學的基本發展趨勢。

其一是與宗教合流。宗教科學家為了更好地為宗教辯護，也改變手法，調和宗教與科學，把宗教「人性」化。

其二是各派哲學之間出現相互滲透或融合的趨勢。

其三是向馬克思主義滲透，盡力尋找與馬克思主義之間的所謂「結合點」。在現代哲學的發展過程中，一些人主張以兩大思潮中的各種不同哲學流派來「補充」和「修改」馬克思主義。

歷史篇

歷史篇

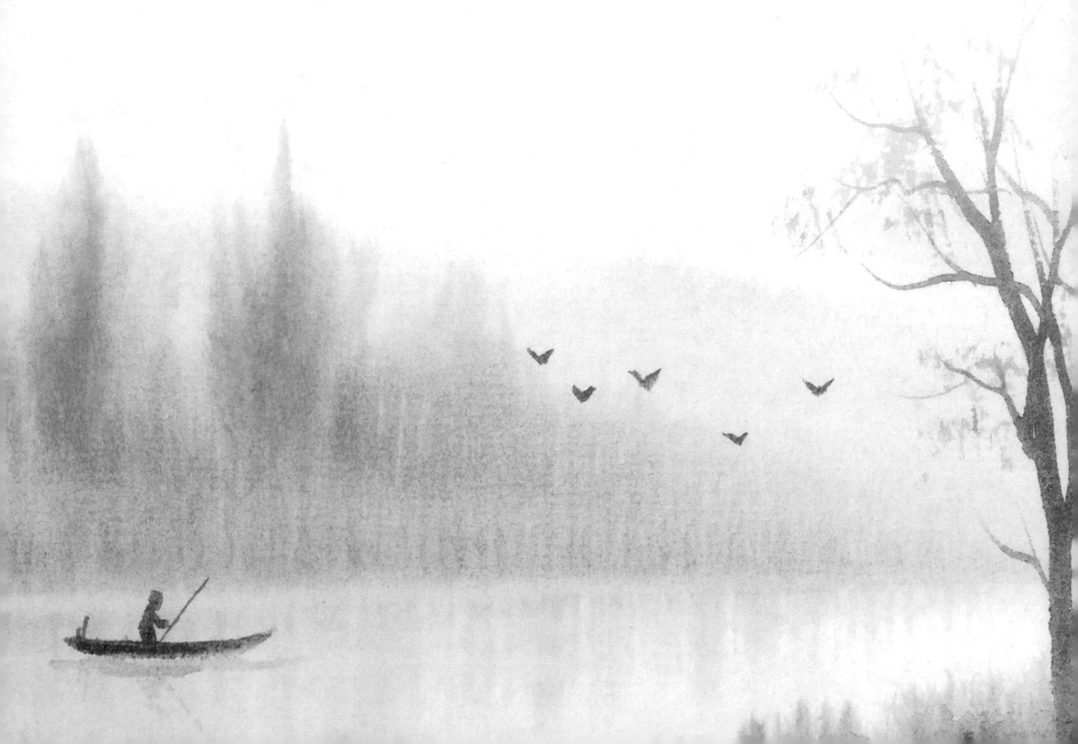

1荷馬時代有哪些特點?

一般稱西元前十一至西元前九世紀的希臘歷史為「荷馬時代」，是因為著名的《荷馬史詩》所反映的時間斷限與史實大體相當，史書也稱這一時代為「英雄時代」。

荷馬時代，由於多利亞人逐漸南侵，並征服了伯羅奔尼撒半島，邁錫尼和克里特奴隸制國家完全被消滅。多利亞人比克里特人落後得多，希臘歷史一度暫時衰退。

社會經濟狀況中，生產力並未停滯不前，而是繼續有所發展，鐵器已較廣泛地應用。手工業的生產水準達到或超過了前一時期。但是，這時的商業並不發達，他們和西亞、北非的聯繫很少，直到荷馬時代後期，這種局面稍有改變。

荷馬時代已經出現了奴隸制度，最初的奴隸來源於戰俘、戰敗者及其妻子兒女，這時尚無債務奴隸。雖然出現了奴隸主和奴隸兩個完全對立的階級，但仍屬於向國家過渡的軍事民主制階段，國家還沒有產生，部落的管理主要是通過軍事首領、長老會議和人民大會。

2對希臘歷史影響最大的城邦是什麼?

西元前八世紀至西元前六世紀，是希臘奴隸制城邦國家先後建立的時期。城邦的出現是生產

雅典衛城

斯巴達城遺址

力發展和階級鬥爭尖銳化的結果。

生產力發展的一個重要因素是鐵礦的開採。這時的鐵可以供應各個生產部門，農業上出現了犁鏵。由於耕作技術的進步，糧食產量大幅度增長，人口比以前也大為增多。這時手工業也有了長足的進步，大部分工具都是鐵製的。隨著工農業的發展，商業的規模也日益擴大，希臘和東方各國以及城邦之間的貿易頻繁，各城邦普遍鑄造了貨幣。

對希臘歷史發生深遠影響的城邦是斯巴達和雅典。斯巴達屬於奴隸主貴族寡頭政體，有兩個國王，分屬於兩個民族，職位世襲。長老會議是最高權力機構，除二王以外，還有二十八個由選舉產生、終身任職的貴族。斯巴達整個國家機器的對內職能是鎮壓奴隸階級，維護自己的統治。

雅典位於阿提卡半島，沿海有優良港灣，便於航海。西元前七世紀至西元前六世紀，雅典的手工業和商業有了巨大發展。在政治制度上，出現了梭倫改革、克里斯提尼改革。此後，雅典奴隸主民主政體的國家在鬥爭中逐漸得到確立。

3 什麼是希臘大殖民運動？

西元前八世紀到西元前六世紀，希臘歷史上發生了空前的大殖民運動。它是希臘政治、經濟擴張的一種特殊形式。在近代資本主義殖民運動出現之前，希臘大殖民運動一直是世界歷史上規模最大的殖民運動。

西元前八世紀，希臘的經濟、文化逐漸發展起來。隨著人口的增多，耕地日益緊張。如果遇上自然災害，糧食更加短缺，在這種情況下，一部分居民去海外謀生，開拓殖民地。

最初的殖民運動都是自發進行的，沒有統一的組織，最早的殖民地都是農業性質的。最初希臘向西在義大利建立了殖民地，向東建立了阿索斯等殖民地，在東北建立了馬其頓和色雷斯殖民地。它在地中海和黑海沿岸也有殖民地，被稱為是「綴在蠻族原野這片織錦上的花邊」。通過大殖民，希臘廣泛地吸收各民族的文化，加速自己的發展。

4馬其頓亞歷山大帝國時期希臘有何特點？

西元前三三七年馬其頓王腓力二世在科林斯召開泛希臘會議，確立了馬其頓在希臘的領導地位。後來腓力二世的繼承者亞歷山大經過近十年的東征西討，建立了一個強大的橫跨歐、亞、非三洲的大帝國，疆域超過了波斯。

在希臘各城邦中一直存在著反馬其頓的勢力。西元前三二三年亞歷山大死後，以雅典為首的一些城邦立即掀起了反馬其頓戰爭，但以失敗告終。

屋大維

馬其頓王朝雖然允許希臘各城邦保存一定的自主權，但各城邦在外交方面已完全喪失獨立自主。在馬其頓統治下的希臘各城邦，情況也不盡相同。在古典時代曾經起過重大作用的雅典和斯巴達，每況愈下。在經濟上，雅典已失去了愛琴海的壟斷地位，它已不再是希臘的經濟中心。

儘管希臘各個地區發展不平衡，但總而言之，馬其頓統治下的希臘，不論是社會經濟，還是對地中海周圍地區的歷史作用都相對地衰退了。到西元前二世紀中期，整個希臘便被羅馬所兼併。

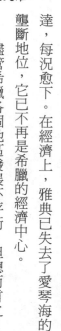

5羅馬帝國是怎樣建立起來的?

在西元前八世紀中葉，人們在義大利半島中部的臺伯河邊上建立了羅馬城。約西元前五一〇年，羅馬建立了貴族專政的奴隸制共和國。經過兩百多年的擴張戰爭，到西元前三世紀初，它基本統一了義大利全境。接著，羅馬經過一百多年的「布匿戰爭」，於西元前一四六年消滅了迦太基，同時征服了馬其頓王國，打敗了塞琉古的軍隊，成為地中海周圍最強大的國家。

西元前三十年，奧古斯都屋大維征服埃及後，羅馬進入帝國時期。此後，羅馬又先後侵入和佔領了達西亞（今羅馬尼亞）、阿拉伯半島和兩河流域。西元一世紀到二世紀，是羅馬帝國的強盛時期。它東起幼發拉底河上游，南抵非洲撒哈拉大沙漠，西臨大西洋，北達不列顛島的中部和南部，及萊茵河、多瑙河下游以北地區，成為地跨歐、亞、非洲的大帝國。

6世界古代史上規模最大的奴隸起義及其歷史意義是什麼?

世界古代史上規模最大的一次奴隸起義，是西元前七十三年到西元前七十一年古代羅馬奴隸角鬥士斯巴達克領導的起義，這次起義史稱「斯巴達克起義」。

斯巴達克是羅馬俘虜的色雷斯人，他被賣到角鬥訓練場受訓時，不堪忍受殘酷的奴役，便和

斯巴達克（執斧者）率軍同羅馬軍團激戰

一批奴隸逃到維蘇威火山上舉行了起義，斯巴達克被推舉為起義領袖。許多奴隸和破產農民紛紛回應，不到一年時間，隊伍就擴大到十二萬人。他們突破羅馬軍隊的包圍，向北挺進，直抵義大利北部的波河流域，又揮師南下，一直打到義大利的最南端，準備渡海去西西里，但沒有成功。他們突破了派來鎮壓起義的大奴隸主克拉蘇設下的防線，向東進軍。後來起義部隊發生分裂，在布林底西港附近同羅馬軍隊決戰中，斯巴達克和六萬戰士英勇戰鬥，最後壯烈犧牲，起義失敗。

斯巴達克起義，橫掃了義大利全境，沉重打擊了羅馬奴隸主階級的統治，嚴重動搖了奴隸制的基礎。

7 西羅馬帝國是怎樣滅亡的？它的滅亡對世界史有什麼樣的影響？

在長期的、連綿不斷的奴隸起義的沉重打擊下，從西元三世紀起羅馬奴隸制開始崩潰，羅馬帝國面臨全面危機。三世紀中期，高盧地區爆發了「巴高達」（高盧語「戰士」的意思）運動，曾一度宣布脫離羅馬帝國。四世紀中期，在北非也掀起了大規模的「阿哥尼斯特」（希臘語「鬥士」的意思）運動。當羅馬奴隸主政權搖搖欲墜的時候，帝國境外的日耳曼人乘機席捲而來，加速了羅馬帝國的崩潰。西元三九五年，羅馬帝國分裂為東、西兩部分，東羅馬帝國（即拜占庭）定都君士坦丁堡（今土耳其伊斯坦布爾），西羅馬帝國仍定都羅馬。

西元五世紀初，日耳曼人的一支西哥德人在羅馬奴隸的配合下，攻進羅馬城。其他日耳曼人部落也紛紛攻入西羅馬帝國，同各地的奴隸、隸農一起摧毀了當地的羅馬政權，羅馬帝國土崩瓦解。西元四七六年，西羅馬的最後一個皇帝羅幕路·奧古斯都被廢黜，西羅馬帝國從此滅亡。

西羅馬帝國的滅亡，標誌著西歐奴隸制度的崩潰，從此歐洲的歷史開始向封建社會過渡。

8 西歐封建制度是怎樣形成的？

西元四七六年，西羅馬帝國的滅亡標誌著西歐奴隸制度的崩潰和封建制度的開始。

西羅馬帝國滅亡後，日耳曼人在它的廢墟上建立了很多封建王國，其中最重要的是六世紀初克洛維建立起來的法蘭克王國。最初法蘭克人本來過著氏族公社的生活，還沒有土地私有制。法蘭克國王在軍事征服中奪取了原來西羅馬帝國皇帝和許多羅馬奴隸主的大地產，還霸佔了許多空閒和荒蕪的土地，氏族制度逐漸走向解體。廣大自由民農奴化的過程，亦即自由小農土地的喪失，就是封建主土地所有制的形成過程。

西元七三二年，法蘭克國王實行了「采邑制」。把土地作為采邑，連同耕種土地的農民，分封給近系的貴族。采邑制的實行加速了農民農奴化的過程。到九世紀時，農村公社的自由農民差不多完全消失了，地主階級的土地所有制佔了統治地位。一種新的社會制度——封建制度終於在西歐確立了。當時西歐形成的主要封建國家有盎格魯、薩克森等部落逐漸建立起來的英吉利王國、法蘭克王國及查理大帝的三個孫子三分查理曼帝國出現的法蘭西、德意志、義大利三個國家的雛形。

9 西歐的封建莊園有什麼特點？

隨著封建制度在西歐的確立，大小不等的封建莊園遍布西歐各地，它代替了過去的農村公社，成為西歐封建社會的基層組織。莊園裡有封建主的住宅、教堂和農奴的茅舍，耕地通常分為封建主直接管理、農奴耕作的直轄地和農奴使用的份地兩部分。這兩種地都劃成條形，互相錯開，稱為「條田」。農奴不能離開莊園，既要向封建主服勞役和交納實物地租，還要把收穫物品的十分之一交給教會，叫做「什一稅」。

封建莊園

西歐的封建莊園，基本上是獨立的政治單位，在經濟方面屬於自給自足的自然經濟。莊園裡一切需要，從糧食到生活用品、生產工具，幾乎全部由莊園裡的農奴進行生產和製造。只有莊園不能生產的鹽、鐵和絲綢、寶石等物品，才向商人購買。

10 什麼是西歐的封建軍政制度？

西歐的封建軍政制度的形成是西歐封建社會最終確立起來的重要標誌之一。國王是最大的封建主，他除了直轄一部分土地外，還把大部分土地分封給公爵、伯爵、教會的主教、修道院院長等封建主，國王就成為這些人的「封主」，這類受封的人則成為國王的「附庸」。大封建主又把土地分封給子爵、男爵，這些人再把土地分封給最低一級的封建主騎士。通過土地的分級授受，他們之間依次形成了「封主」和「附庸」的關係。這樣，整個封建主階級構成了一座金字塔般的等級軍政制度，塔尖是國王，最下一層是人數較多、土地較少的騎士，被壓在塔下面的是被剝削、被奴役的農奴。

封主和附庸的關係是，封主保護附庸，附庸要向封主宣誓效忠，交納貢物，臨敵作戰。任何一級封建主，在他世襲的領地內，都享有軍事、司法、行政、財政上的全權，他們想盡辦法壓榨、虐待自己領地上的農奴。這反映了封建主剝削階級的階級實質。

11羅馬教皇國和梵蒂岡是怎樣形成的？

羅馬教皇國是西元七五六年至一八七〇年義大利中部由教皇統治的政教合一的封建國家。教皇，拉丁文原意為「父親」，是早期基督教會對高級教士的一般稱呼。從西元五世紀羅馬主教立奧一世開始，才逐漸專用於稱呼羅馬主教。西元七五六年，法蘭克國王矮子丕平將義大利拉文那至羅馬的部分土地贈給教

梵蒂岡

皇，史稱「丕平獻土」，是為教皇國之始。此後的一千多年間，羅馬教皇既是天主教會的領袖，又是教皇國的世俗君主。

在義大利統一運動中，教皇國領土逐漸縮小，一八七〇年義大利完成民族統一國家時，教皇退居羅馬西北角面積只有零點四四平方公里的梵蒂岡。一九二九年，義大利墨索里尼政府同教皇簽訂了《拉特蘭條約》，承認梵蒂岡的主權屬於教皇。羅馬教皇自稱是「基督在世的代表」，對全世界天主教會擁有「最高管理權」。據一九七六年統計，屬梵蒂岡國籍的居民有七百六十二人。它發行自己的貨幣，有自己的郵政、電臺。

12基督教是怎樣產生的？西歐的封建教會起了什麼反動作用？

「基督」一詞是希臘文的漢字音譯，原意為救世主。基督教源於羅馬帝國時代，當時羅馬統治者窮兵黷武，橫徵暴斂，給當地人民帶來了巨大災難。他們多次起義反抗，都遭到鎮壓。在這種背景下，基督教出現了。

西元一世紀時，巴勒斯坦地區的傳道者宣稱，有一個叫耶穌的人，是上帝的使者，是救世主。他叫貧窮的人忍受苦難，來世就會升入「天堂」，而富人升入天堂則比「駱駝穿入針孔」還要難。後來，猶太貴族勾結羅馬總督在耶路撒冷將耶穌釘死在十字架上。三天後耶穌復活升天，

受難的耶穌

要回來拯救人們。這些說教獲得了許多不滿現實又找不到出路的奴隸和貧苦人民的信仰。信仰耶穌的人們開始結成許多小的宗教團體，後來遍布羅馬帝國全境，並逐漸統一起來，成為基督教會。

但是，基督教主張今生忍耐、順從，寄希望於來世。統治階級看到這些可以加以利用，許多富有的上層人士也紛紛入教，並且佔據了教會的領導地位。到西元四世紀時，羅馬皇帝把基督教宣布為國教。此後，這種宗教就傳遍了歐洲各國。基督教會逐漸由早期的下層人民的宗教演變成為統治階級壓迫和麻醉人民的工具，在西歐封建社會起了反動作用。

13 英法百年戰爭是怎麼回事？

西元十四世紀初期到十五世紀中期，英法兩國封建王朝為爭奪封建領地進行了長期戰爭，這場戰爭斷斷續續打了一百多年，史稱「百年戰爭」。

一〇六六年，法國的諾曼第公爵威廉征服英國做了英國國王，同時在法國佔有大片領地。此後，這種領地不斷擴展，於是英王與法王的矛盾和鬥爭不斷加劇。為了爭奪英王在法國的領地和富庶的弗蘭德爾地區，從一三三七年起，兩國終於爆發了戰爭。

戰爭初期，英軍獲勝，甚至俘虜了法國國王。後來法軍雖然一度轉敗為勝，但因統治集團內訌，英國軍隊又長驅直入，佔領巴黎，整個法國都有淪陷的危險。此時，戰爭的性質就由原來的非正義戰爭，轉變為法國人民反抗英軍侵略的戰爭。法國人民在女英雄貞德的領導下，英勇抗英，英軍節節敗退，一四五三年法國終於獲得了這場戰爭的勝利。百年戰爭結束後，法、英兩國的王權不斷加強，先後形成中央集權的封建國家。

14 什麼是十字軍東侵？

十字軍東侵是指從西元十一世紀末開始，羅馬教皇、西歐各國封建主和義大利城市商人，為了擴大教會勢力，掠奪土地和財富，以及佔領東方市場，對地中海東岸各國，特別是伊斯蘭教國家發動的侵略性遠征。

西元一〇九五年十一月，羅馬教皇烏爾班二世在法國南部的克勒芒召集宗教會議，煽動教士、封建主、騎士和破產農民，到東方去和「異教徒」做鬥爭，奪回「聖地」耶路撒冷。

他還說參加遠征的人死後可以升入天堂，農奴可以得到人身自由等。從一〇九六年到一二七〇年的近兩百年間，西歐教會和封建主組織的東侵先後有八次之多，因為參加者都在自己的衣服上縫一個紅「十」字作為標誌，所以被稱為十字軍東侵。

戰爭初期，十字軍曾攻佔耶路撒冷等一些地方，並建立了耶路撒冷王國和拉丁帝國等幾個封建小國。但十字軍的侵略暴行和瘋狂掠奪，激起了東方各國人民的激烈反抗，最終遭到徹底失敗。

十字軍發動的侵略戰爭，嚴重地破壞了東方國家的生產力，給廣大人民帶來了深重災難，也使西歐人民蒙受了慘痛的犧牲。羅馬教皇建立世界教會的企圖完全破產。在東侵過程中，義大利東部和地中海西部的一些城市，擴大了同東方的貿易。因此，十字軍東侵對西歐社會政治和經濟的影響是複雜的。

十字軍東侵

15 中世紀歐洲的大學是怎麼創辦起來的？當時有哪些著名大學？

在中世紀的歐洲，文化和教育在相當長時期內為封建教會所壟斷。但是，隨著城市的興起，工商業的發展和城市市民隊伍的擴大，人們迫切需要文化科學知識。於是，世俗大學便衝破教會的重重枷鎖興辦起來，這是世界教育史上帶有劃時代意義的重大事件。十一世紀末，在義大利辦起了第一所世俗大學——波倫亞大學。十二世紀至十三世紀，又陸續辦起了法國的巴黎大學、奧爾良大學，英國的牛津大學、康橋大學，德國的海德堡大學，西班牙的薩拉曼加大學，義大利的薩勒諾大學，捷克的布拉格大學，奧地利的維也納大學等。到十四世紀，在法國有大學十六所，義大利有十八所，西班牙、葡萄牙各有十五所。

16 何謂拜占庭帝國？它和中國有什麼往來？

拜占庭帝國，也就是東羅馬帝國（西元三九五年，羅馬帝國分為東、西兩部分）。它的領域包括巴爾幹半島、小亞細亞、兩河流域上游、地中海東岸和北非東部等地，是一個地跨歐、亞、非三洲的大帝國。因它的首都君士坦丁堡原為古代希臘移民城邦拜占庭的舊址，由此東羅馬又稱拜占庭帝國（西元三九五——一四五三年）。它和中國有過密切交往。

中國史書稱羅馬帝國為「大秦」，對拜占庭帝國仍沿用了這一稱呼。西元六世紀中葉，拜占庭從中國得到蠶籽，並學會了養蠶繅絲的方法，此後蠶絲生產技術才傳到西歐各國。隋、唐時代，中國和拜占庭直接建立了通商、通使關係。中國的絲綢、瓷器、茶葉等商品運到拜占庭，拜占庭的玻璃、珊瑚、水銀、呢絨等，則到中國交易。西元六三五年（唐貞觀九年），拜占庭基督教的一派聶斯脫利派傳入中國，稱為景教。這是基督教傳入中國的開始。

17資本主義生產的最初萌芽是在哪裡出現的?

馬克思曾經指出：「資本主義時代是從十六世紀才開始的。」但是，「在十四世紀和十五世紀，在地中海沿岸的某些城市已經稀疏地出現了資本主義生產的最初萌芽」。

在十四和十五世紀的歐洲，由於人民群眾在生產中不斷積累經驗，改進生產工具和技術，水力和風力得到應用，腳踏自動紡車開始出現，中國發明的火藥、指南針、造紙術在歐洲也廣為傳播。生產技術的進步促進了生產的發展、經濟的繁榮和勞動分工的擴大。例如：在義大利北部，興起了一批最著名的工商業城市米蘭、佛羅倫斯、威尼斯、熱那亞。隨著市場的擴大，商品需求量的增加，在這些城市裡出現了打入生產領域的包買原料和產品的包買商人。那些手工業者漸漸失去了經營的獨立性，實際上成為受包買商支配的雇傭工人。以此為起點，興起了新的手工業生產形式——工場手工業。十四世紀中期，佛羅倫斯大約有二百家工場生產呢絨，手工業工人多達三萬人。義大利工場手工業的興起，是歐洲封建生產關係解體的開始，是資本主義生產最初萌芽產生的標誌，那些工場主，同城市的富商、銀行家等一起，開始形成新的階級——資產階級。

18新航路開闢的歷史背景、經過和意義怎樣？

十五世紀末和十六世紀初，葡萄牙人和西班牙人開闢了不經地中海而直達東方和橫渡大西洋到達美洲大陸的新航路。這件事有深刻的社會歷史背景。

十四世紀和十五世紀，隨著商品經濟的發展，人們對金銀的渴求日益增加，義大利旅行家馬可·波羅描寫中國「遍地黃金，香料盈野」，更激起了他們到東方掠奪金銀財富的狂熱。但是，從歐洲經地中海到東方去的航路和貿易都被阿拉伯、土耳其控制，如何繞過地中海，開闢一條直通東方的新航路，就成為需要了。而指南針、造船技術以及地圓學說的流行，也為尋求新航路提供了條件。由於葡萄牙和西班牙在十五世紀末已實現了中央集權，造船業和航海業比較發達，這兩個國家的航海家就成為

麥哲倫

新航路的開闢者。

它的主要經過是：一四八六年，葡萄牙人迪亞士奉葡萄牙國王之命沿非洲西海岸航行到達好望角；一四九七年，葡萄牙人達·伽馬繞非洲航行到達印度；一義大利熱那亞的水手哥倫布在西班牙國王的資助下，一四九二年橫渡大西洋到達美洲；一五一九年，葡萄牙海員麥哲倫經過三年的艱苦奮鬥，終於環球航行成功，於一五二二年回到西班牙。

新航路的開闢產生了重大的社會經濟後果。歐洲商人的貿易範圍迅速擴大了，歐、亞、非和美洲之間有了廣泛的貿易往來，世界市場開始形成，促進了歐洲工場手工業的發展。歐洲商路和貿易中心，也由地中海區域轉移到大西洋沿岸。新興的資產階級大發橫財，從而加速了資本的原始積累和西歐封建社會的解體。

同時，隨著新航路的開闢，葡萄牙和西班牙開始

麥哲倫用航海弩計算緯度

了殖民掠奪的血腥事業，給殖民地的人民帶來了貧窮苦難，嚴重阻礙了這些地區的社會經濟正常發展。

19沙皇俄國是怎樣形成的？它是怎樣進行侵略和擴張的？

近代的沙皇俄國是以莫斯科公國為中心不斷兼併鄰近國家而逐步形成的。直到十五世紀中期，它還是蒙古金帳汗國統治下的一個封建小邦，領土只包括莫斯科城及周圍地區。一四八〇年，莫斯科大公伊凡三世擺脫蒙古人的統治地位而獨立，經過半個多世紀的兼併，逐漸把俄羅斯人居住的地區全部併入自己的版圖，成為統一的中央集權的封建國家。一五四七年，莫斯科大公伊凡四世加冕，開始用沙皇這一稱號。後來，人們即稱俄國為沙皇俄國或沙俄。

伊凡四世統治時期的沙俄是一個領土約二百八十萬平方公里的內陸國家。但是歷代沙皇都野心勃勃，瘋狂向外

沙皇伊凡四世

擴張。早在十六世紀中期，就佔領了伏爾加河下游地區。十七世紀中期，又兼併了烏克蘭，使其在歐洲的版圖急劇擴大。沙皇彼得一世及其後繼者們，一心想打通「朝向歐洲的窗戶」。在北方，一七〇三年從瑞典手裡奪取了涅瓦河口的土地。到一七二一年，它又奪取了芬蘭灣和波羅的海沿岸的一些地區。十八世紀中期，在女皇葉卡捷琳娜二世統治時期，先後奪得黑海北岸的大片土地，打開了通向黑海的門戶。在西方，它又夥同普魯士和奧地利三次瓜分波蘭，強佔了波蘭的部分領土，打通了通向西歐的走廊。

在亞洲，沙皇政府從十六世紀下半葉開始派兵越過烏拉山向東擴張，先後侵入鄂畢河、葉尼塞河和勒那河流域，逐步佔據了西伯利亞。到十八世紀晚期，成為地跨歐亞兩洲的大帝國。

20為什麼羅馬尼亞人對斯特凡大公和米哈伊特別尊敬？

約在西元前生世紀，在今羅馬尼亞的特蘭斯瓦尼亞的西南山區，達契亞人建立了最早的國家，西元一世紀為羅馬帝國所滅。從此，達契亞人和羅馬人逐漸融合，被稱為達契亞——羅馬人。六世紀時，一部分南斯拉夫人又來到這裡定居下來。這些人構成了今天羅馬尼亞人的祖先。

西元九世紀左右，在羅馬尼亞封建化的過程中，先後遭到第一保加利亞王國、基輔羅斯、蒙古人、奧斯曼土耳其帝國的入侵和統治。一四五七年四月，斯特凡成為摩爾達維亞大公後，加強國防，積極備戰。一四七五年和一四八七年，他率眾大敗來犯的奧斯曼土耳其軍隊，又在一四九七年擊敗了從北方入侵的波蘭王國軍隊，使三分之二的羅馬尼亞得到統一。

米哈伊原是瓦拉幾亞公國的宰相，從一五九三年起成為大公。一五九五年八月，他在盧格雷尼沼澤地一戰，打敗了土耳其軍隊。十月又使土耳其侵略軍大敗而逃，米哈伊獲得「勇士」稱號。一五九九年十月和一六〇〇年五月，在外國策劃民族分裂陰謀的危急時刻，米哈伊果斷出兵，先後征服了特蘭斯瓦尼亞和摩爾達維亞，第一次使三個分立的公國歸於統一，成為現在羅馬尼亞多民族國家形成的基礎。因此，米哈伊是羅馬尼亞歷史上國家統一與獨立的象徵，因而受到人們的尊敬。

21 什麼是尼德蘭資產階級革命？

尼德蘭係指歐洲西北部萊茵河下游及北海沿岸一帶，包括現今的荷蘭、比利時、盧森堡和法國東北部的一部分地區。在十六世紀初，它成為西班牙的屬地。新航路開闢後，隨著國際商業重心由地中海轉移到大西洋沿岸各國，到十六世紀中期，尼德蘭的資本主義經濟逐漸形成。但是，西班牙的封建專制統治卻嚴重阻礙著它的進一步發展。一五六六年，尼德蘭發生了反對天主教會和西班牙統治的人民運動，接著發展為大規模的武裝起義。一五七二年，北方七省先後宣布獨

威廉一世銅像

立，到一五八一年七月，正式建立了資產階級的共和國。因為北方各省中以荷蘭省最大，經濟又最發達，所以也稱為荷蘭共和國。一六〇九年，西班牙被迫承認了荷蘭共和國的獨立。

尼德蘭資產階級革命的勝利具有重大的歷史意義。它是世界史上第一次成功的資產階級革命，推翻了西班牙在尼德蘭北部的封建專制統治，打擊了天主教會的反動勢力，建立了歐洲第一個資產階級共和國，為荷蘭資本主義的發展創造了條件。在十七世紀，荷蘭成為最發達的資本主義國家。

但是，當時尼德蘭的南部仍在西班牙的統治下，後來形成為比利時、盧森堡等國家。

22 世界三大宗教是什麼？它們對世界歷史產生了什麼重大影響？

世界上的宗教種類繁多，但政治勢力、社會力量和精神影響最深的有三大宗教，即基督教、伊斯蘭教和佛教。據統計，全世界的基督教徒約有九億五千萬，伊斯蘭教徒約有六億左右，佛教徒約有兩億四千萬。

基督教由猶太人耶穌在西元一世紀初創立後，西元四世紀定為羅馬帝國的國教。從此，它便日益成為統治階級的工具。《聖經》記述了基督教的教義。基督教分為天主教、東正教和基督教新教三個教派。天主教主要分布在義大利、法國、西班牙、葡萄牙、比利時、盧森堡、愛爾蘭、奧地利、匈牙利、捷克斯洛伐克、波蘭、德國南部、美國和拉丁美洲各國，以及亞洲的菲律賓等國家和地區。東正教是基督教中以希臘語為中心的教派，現主要分布在希臘、塞浦路斯、阿爾巴尼亞、南斯拉夫、羅馬尼亞、保加利亞、蘇聯的歐洲部分。在十六世紀，隨著新興資產階級的宗教改革運動，成立了許多新的教派。新教就是這些教派的總稱。這一教派主要分布在美國、加拿大、英國、北歐各國以及澳大利亞和紐西蘭。

伊斯蘭教是七世紀初由阿拉伯半島的穆罕

耶路撒冷

默德創立的，《可蘭經》是伊斯蘭教的最高經典。目前，世界上的伊斯蘭教徒約占世界人口的七分之一，絕大多數分布在阿拉伯地區、西亞、南亞、東南亞和部分歐洲國家。

佛教相傳是西元前六世紀由印度的釋迦牟尼創立的。此後，佛教流傳到亞洲各國，逐漸成為一種世界性宗教，主要分布在印度、中國、日本、朝鮮、越南等國。當前泰國是唯一仍以佛教為國教的國家。

可見，世界三大宗教至今影響著廣大地區，是今天世界上一支不可忽視的政治、社會力量。

23 世界古代建築史上的七大奇蹟是什麼？

在世界古代建築史上，埃及的金字塔、巴比倫的空中花園和古希臘的宙斯神像、摩索拉斯陵墓、阿泰密斯女神廟、太陽神巨像、亞歷山大港燈塔，被譽為最著名的七大建築物。

巴比倫空中花園

金字塔是埋葬埃及法老的墳墓，始建於西元前二十七世紀。埃及第三王朝法尼杰賽爾建造了第一座塔形陵墓。空中花園坐落在巴比倫城中。從西元前六〇四年開始，經過幾年時間營造而成。這座每邊長一百二十公尺，高二十五公尺的大假山，用石柱和石板層層向上堆砌，直達高空。在每層培上肥沃的土壤種植各種異木奇花，從遠處望去，就如凌空生長，鬱鬱蔥蔥，稱為「空中花園」。

亞歷山大港燈塔

其餘五大奇蹟，都是古希臘人在西元前六世紀至西元前三世紀期間創造的。宙斯被希臘人尊為「天神之王」。雅典最著名的雕塑家菲狄亞斯費了八年時間，建成高十五公尺的宙斯神像。西元前三世紀時被毀壞。摩索拉斯陵墓在小亞細亞島上，長三十九公尺，寬三十三公尺，高五十公尺，西元前二六二年被毀。其中只有亞歷山大港燈塔是唯一造福於人民的建築物，它先後用了二十年時間，於西元前二八〇年建成，這在當時是世界上最大的燈塔。

24英國資產階級革命是怎樣發生的?·這次革命的主要進程和歷史地位如何?

英國從十六世紀開始出現資本主義萌芽以來，到十七世紀上半期，資本主義經濟已有很大發展。但斯圖亞特王朝的封建主義專制統治嚴重阻礙資本主義的進一步發展。資本主義生產關係和封建制度之間的矛盾不斷激化，這是爆發英國資產階級革命的根本原因。

一六〇四年，國王查理一世為鎮壓蘇格蘭人民反抗專制統治的起義籌措軍費，被迫重新召開關閉

查理一世

了十一年的國會。國會裡的資產階級和新貴族抨擊國王的反動政策，逮捕了國王的寵臣和天主教主，並處以死刑。英國資產階級革命從此開始。

對於革命，查理一世的幾次反撲都被挫敗，於一六四二年八月他組織反革命武裝向國會宣戰。在內戰中，國會軍在克倫威爾的領導下在一六四五年納西比戰役中俘虜了國王。一六四九年一月，國會特別法庭判處查理一世死刑，三月國會廢除君主制和上議院，五月宣布英國為共和國。

一六五三年克倫威爾開始實行軍事獨裁，失去了人民支持。一六六〇年斯圖亞特王朝乘機復辟。一六八八年，英國資產階級新貴族同封建階級達成妥協，把荷蘭的威廉推舉為國王，史稱「光榮革命」。

終於推翻了封建專制制度，在英國確立了君主立憲政體的資本主義制度。

十七世紀英國資產階級革命，是人類歷史上資產階級對封建制度的第一次重大勝利。儘管這次革命還不夠徹底，但它為資本主義的迅速發展掃清了障礙，解放了生產力，為工業革命創造了條件。

25 沙皇彼得一世改革的主要內容是什麼？

彼得一世在俄國歷史上因進行改革而著稱。他十歲時與其兄同時即位沙皇，共掌朝政，並由其姐攝政。一六八九年，彼得依靠部分貴族和軍隊的支持，從其同父異母的姐姐索菲亞手中奪取

查理一世被押上斷頭臺

冒充木匠的彼得一世

實權後，為滿足向外擴張領土的野心，為使俄國變成一個軍事大國，他在加強統治、擴充軍備和發展經濟方面進行了一系列改革。

在政治上，改革了行政管理。彼得調整和加強了中央集權的統治機構，取消了不斷干預沙皇權力的大貴族杜馬，整飭了混亂不堪的稅務機關。於一七一一年設立了參政院，一七一九年又分州分省，全國五十個省的省長直屬中央管理。這些改革，大大加強了俄國農奴制國家的統治機器。

在軍事上，實行按農戶徵兵制，效仿西歐建立和擴大海軍，創辦了海軍和炮兵學校，這些措施，對加速軍事力量的發展，改進軍事裝備等起了積極作用。

在經濟上，興辦了紡織、製革和造船等手工工場兩百餘所，為鼓勵興辦手工工場，允許工場主購買整個村莊的農奴，使工場獲得了終身做工的勞動力。這樣，就為日後俄國工業的進一步發展打下了基礎。

在文化教育上，注意推行學校教育，要求貴族少年必須學習。主持創立了科學院和醫學校等，努力培養人才。

彼得一世

彼得一世所進行的這些改革，促進了俄國經濟的迅速發展，使俄國逐步擺脫了極端落後的狀態，為沙皇俄國的對外擴張侵略創造了基礎。

26 近代西歐國家爭奪殖民霸權鬥爭的主要歷史事件有哪些？

自新航路開闢後，到十八世紀，西歐國家對亞洲、非洲、美洲進行了將近三個世紀的殖民掠奪。殖民強國西班牙、葡萄牙、荷蘭、法國和英國先後興起。為爭奪殖民霸權，他們之間曾發生過激烈的衝突，其間發生的主要歷史事件有：

（一）荷蘭的興起和殖民擴張。在新航路發現後的一個世紀中，西班牙、葡萄牙在亞洲和美洲佔領了廣闊的殖民地，成為當時歐洲最大也是最富的殖民國家。到了十六世紀後半期，擺脫西班牙統治而獨立的荷蘭，大力進行殖民擴張。一五二八年，英國打敗西班牙的「無敵艦隊」後，西、葡的殖民強國地位逐漸被荷蘭取代。荷蘭先後佔據了北美的哈得遜河流域，南非的好望角，亞洲的摩鹿加群島、爪哇和麻六甲，成了十七世紀的資本主義殖民大國。

（二）三次英荷戰爭。從十七世紀起，英國也開始在美洲和亞洲進行殖民擴張。英國於一六〇七年在北美建立了第一個殖民地維吉尼亞，在亞洲對印度進行侵略。到十七世紀後半期，英國同荷蘭之間的矛盾激化起來，在五十、六十、七十年代，先後發生了三次英荷爭霸戰爭，使荷蘭喪失了海上優勢和貿易的壟斷地位。到十八世紀上半期，英國在北美建立了十三個殖民地。

（三）英、法為爭奪歐洲霸權地位和世界殖民霸權進行了曠日持久的戰爭。荷蘭的殖民霸權喪失後，英、法成為殖民掠奪的主要競爭對手。在一七五六年至一七六三年，英法兩國爭霸的七年戰爭期間，法國殖民者在印度和北美都遭到失敗，英國在北美又奪取了加拿大和密西西比河以東的廣大地區。

經過長期的殖民戰爭，英國打敗了荷蘭和法國，掌握了海上霸權，搶佔了廣大的殖民地，成為世界上最大的殖民國家。

27北美獨立戰爭的原因、經過和意義是什麼?

北美獨立戰爭即美國獨立戰爭。美國位於北美洲的南部，原來是印第安人居住的地方。一四九二年航海家哥倫布「發現」新大陸後，歐洲的殖民主義者先後侵入美洲。但是，英國殖民者漸漸排擠了其他國家的殖民主義勢力，到十八世紀三〇年代初，在北美東部沿海的富饒地區，英國先後建立了維吉尼亞等十三個殖民地。這些地區，漸漸形成統一的美利堅民族。

華盛頓

十八世紀中期，英屬北美殖民地的資本主義生產有了廣泛發展。但是，英國卻竭力把北美作為它的原料產地和商品市場，並徵收繁重的苛捐雜稅，引起當地資產階級與人民的強烈不滿。一七七五年四月十九日拂曉，波士頓郊外的萊克星頓的民兵打響了獨立戰爭的第一槍，反對英國殖民壓迫和剝削的北美獨立戰爭從此開始。

一七七五年五月，在費城召開的第二屆「大陸會議」上，任命華盛頓為新組成的大陸軍總司令。七月四日，大陸會議發表了由資產階級民主派代表人物傑斐遜等起草的《獨立宣言》，正式宣告北美十三州殖民地脫離英國，成立美利堅合眾國。一七七七年十月，大陸軍取得薩拉托加大捷。這次戰爭，成為北美獨立戰爭的轉捩點。一七八一年十月十九日，英軍總司令康華利率兵向華盛頓投降，戰爭結束。一七八三年九月，英國同美國簽訂了巴黎和約，正式承認美國獨立。北美獨立戰爭結束後，美洲出現了第一個資產階級的獨立共和國。

美國獨立戰爭是十七世紀英國資產階級革命後的又一重大歷史事件，它推動了拉丁美洲殖民地人民反抗西班牙殖民統治的鬥爭，對法國的資產階級革命及歐洲其他國家的民主改革運動起到了促進作用。

北美獨立戰爭：向約克鎮進軍

28 法國大革命有著怎樣的經過和歷史意義？

十八世紀末發生的法國資產階級革命是世界歷史上的一個重大事件。這次革命是沿著上升路線發展的，經歷了三個發展階段：第一個時期，從一七八九年七月到一七九二年八月，掌權的是大資產階級與自由派貴族聯合的君主立憲派。一七八九年七月十四日，巴黎人民發動武裝起義，推翻了象徵封建專制制度的巴士底獄，標誌著法國大革命的開始。君主立憲派控制的制憲會議雖然通過了著名的《人權宣言》，但他們只為大資產階級服務，根本不關心勞動人民的利益，農民的土地問題也沒有得到解決。一七九一年六月國王路易十六逃跑失敗後，於一七九二年春又發動對法國的武裝干涉，法國革命處於危機之中。第二時期，從一七九二年八月到一七九三年五月，當權者是代表工商業資產階級的吉倫特派。一七九二年八月十日，在吉倫特派領導下，摧毀了法國君主政體，結束了君主立憲派的三年統治，並把路易十六推上斷頭臺。可是，吉倫特派未能滿足農民的土地要求，引起人民的憤怒。第三時期，從一七九三年六月到一七九四年七月，由資產階級革命民主派雅各賓派專政。在雅各賓派的領導下，法國大革命進入高潮。同時，雅各賓派實行了恐怖政策，出現過激行為。一七九四年七月二十七日，大資產階級發動「熱月政變」，雅各賓派革命專政被顛覆，法國革命上升線到此被打斷。

一七八九年至一七九四年的法國大革命，是在資產階級革命時代最大和最徹底的一次革

路易十六

命。它摧毀了法國一千多年來的封建制度，用資產階級統治代替封建君主專制制度，這次革命還有力地推動了整個歐洲和拉丁美洲的革命鬥爭。

攻打巴士底獄

29什麼是《獨立宣言》和《人權宣言》？如何評價其歷史意義？

《獨立宣言》是十八世紀北美十三州人民反對英國殖民統治、進行獨立戰爭的資產階級文獻。它由資產階級民主派代表人物傑斐遜起草，一七七六年七月四日由第二屆大陸會議通過和發表。宣言譴責了英國對北美殖民地的反動統治，宣布同英國王室斷絕臣庸關係，組成獨立的美利堅合眾國。它宣稱「人人生而平等」，人民享有不可侵犯的「天賦人權」。政府的統治應建立在人民意志的基礎上，人民有權推翻舊政府建立新政府。雖然這個宣言掩蓋階級的對立，抽象地談論平等和權利等，但是作為一個反對殖民壓迫和剝削的資產階級革命文件，在歷史上第一次以政治綱領的形式表述了一些資產階級民主的原則，具有重大的歷史意義。它不僅開創了美國歷史的新紀元，而且對歐洲的民主革命運動，特別是十八世紀末的法國資產階級革命影響很大。

北美大陸會議通過《獨立宣言》

《人權宣言》的全稱是《人權與公民權宣言》，共十七條。它是十八世紀末法國資產階級革命的綱領性文件，一七八九年八月二十六日在法國制憲會議上通過。一七九一年被放在《法國憲法》的開頭部分，作為憲法的序言。它以啟蒙思想家孟德斯鳩、盧梭等人的資產階級政治學說為理論基礎，宣揚自由、平等、博愛以及反抗壓迫是「天賦人權」，私有財產神聖不可侵犯，確認「主權在民」，公民都有言論、著述、出版、集會和人身自由等資產階級民主的基本原則。但是，資產階級由於階級和歷史的局限性，不可能真正實現「自由和社會平等」，不可能真正實現《人權宣言》的內容。

30英國、法國資產階級革命的相同之處和不同之處各是什麼?

十七世紀中期的英國資產階級革命，開闢了資產階級世界革命的新時代。十八世紀末的法國資產階級革命，是資產階級革命時代的最大和最徹底的一次革命。

這兩次革命的共同點是：它們都發生在歐洲由封建社會向資本主義轉變的過渡時期，經過革命，兩國都推翻了腐朽的封建制度，給專制君主制、封建貴族和反動教會沉重的打擊，並用資產階級的統治取代了封建特權階級的統治。在革命中，兩國都把反動的國王（英國的查理一世、法國的路易十六）送上了斷頭臺。兩國革命都打破了封建割據、關卡林立的局面，廢除了行會制度和專賣制度，統一了國內市場、度量衡和貨幣制度，為資本主義的工商業發展創造了有利條件。在革命前，兩國的思想啟蒙運動，對橫掃封建主義的意識形態和精神文化，為新的社會制度大造輿論，起了積極作用。

兩國的資產階級革命的不同點在於，英國資產階級革命不如法國革命的規模大，不如法國革命徹底。在革命中，英國的廣大士兵和平民發出了要求平等的呼聲；而法國革命則把平等付諸於實現，取消了森嚴的等級制度和貴族特權。英國在革命中用「清教」旗幟，戰勝了佔統治地位的國教；法國則用革命手段沒收了天主教會的財產。在土地問題上，英國雖然廢除了「騎士領地制」，但土地落到了新貴族和資產階級手裡，並在革命後實行「圈地運動」；而法國則徹底廢除了農民承擔的封建義務，並把沒收的封建地產劃成小塊，用分期付款的形式出售給農民。

31拿破崙一世是一個什麼樣的人物？

拿破崙一世，即拿破崙．波拿巴，是法國資產階級政治家和卓越的軍事家，也是一個善於玩弄權術的野心家。他是法蘭西第一帝國和百日王朝的皇帝。拿破崙一世生於科西嘉島的一個破落貴族家庭。少年時代在巴黎軍事學校學習，畢業後任炮兵少尉。早期，他是法國大革命的支持者和參加者，因立軍功，獲得少將軍銜。督政府時期，他曾被任命為法國「義大利方面軍」總司令，率兵進攻義大利，大敗奧地利，而後又遠征埃及。一七九九年十一月九日（共和曆霧月十八日），他乘國內嚴重政治危機的機會，返回國內發動「霧月政變」，組成執政府，自任第一執政。一八〇四年拿破崙加冕稱帝，建立法蘭西第一帝國。從此法國開始了拿破崙的軍事獨裁統治。

拿破崙的雄姿

拿破崙是世界近代史堅決反對封建勢力的法國大資產階級的政治代表。他竭力強化官僚、警察、軍隊和教會等資產階級龐大的國家機器，曾頒布過三部重要法典，即《民法》、《商法》和《刑法》。這些法典，在破壞歐洲封建制度和促進歐洲資本主義發展方面起過一定作用。

拿破崙統治時期，接連對外發動戰爭。其中一部分是為反對封建各君主國企圖扼殺法國革命所組成的反法同盟，這方面的戰爭帶有維護革命成果，嚴重打擊歐洲反動封建勢力，反對外來干涉的性質。但隨著法國資本主義的發展，大資產階級對外侵略和擴張的欲望日益強烈，因此，拿破崙的對外戰爭逐步變成同英、俄爭霸和掠奪、奴役別國的侵略戰爭。一八一二年，他率軍侵入俄國遭到失敗。一八一四年三月三十一日，歐洲反法聯軍攻陷巴黎，拿破崙被迫退位，波旁王朝復辟。一八一五年三月他重返巴黎，在比利時滑鐵盧戰役失敗後，再次退位。

32 法蘭西第一帝國是怎樣建立起來的？為什麼說它是波拿巴主義的資產階級君主制國家？

一七九四年七月二十七日，法國大資產階級的代表發動「熱月政變」，顛覆了資產階級民主派的雅各賓派專政，組成由大資產階級專政的督政府。由於督政府腐敗無能，法國的國內外形勢不斷惡化，特別是英、俄、奧等國第二次結成「反法同盟」。大資產階級為挽救危機局面，保護

拿破崙

拿破崙的加冕典禮

他們的利益，支持戰功顯著的將領拿破崙，在一七九九年十一月九日發動「霧月政變」，取消督政府，建立由三人組成的以拿破崙為第一執政的執政府，開始了拿破崙的軍事獨裁統治。一八〇四年十二月，拿破崙正式加冕稱帝，把法蘭西共和國改為法蘭西帝國，史稱法蘭西第一帝國，或稱拿破崙帝國。一七九二年建立的法蘭西第一共和國到此告終。這是法國歷史上第一個波拿巴主義的資產階級君主制國家。法國歷史上第二個波拿巴主義的資產階級君主制國家，即法蘭西第二帝國，是一八五二年十二月由拿破崙的侄子路易．波拿巴宣布成立的。一八七〇年普法戰爭爆發，九月四日第二帝國被巴黎人民起義所推翻。

所謂波拿巴主義，是資產階級專政的形式之一。因為拿破崙·波拿巴和路易·波拿巴曾經在法國建立這種統治形式而得其名。其特徵是以軍閥為首領，以軍隊、警察、官僚和教會為統治工具，實行階級鎮壓和民族侵略的政策。

33什麼是英國工業革命?它的意義何在?

工業革命（也叫產業革命），是以機器的發明和應用為特徵的一次技術革命，它引起了生產領域和社會關係的重大變革，導致了資本主義生產從工場手工業階段向機器大工業階段的飛躍。世界上第一次工業革命是十八世紀六〇年代從英國首先開始的，到十九世紀三、四十年代基本完成。工業革命開始的標誌，是機器的發明和應用，完成的標誌是機器本身也由機器生產。

十八世紀的英國，工場手工業已有相當發展，培養了一批熟練工人。分工生產又使勞動工具專門化，為機器工業的出現

瓦特

準備了技術力量和物質前提。而且，英國資產階級在十七世紀以革命手段確立了自己的統治，為資本主義發展創造了社會經濟條件，它通過圈地運動和對殖民地的血腥掠奪，為工業革命準備了必要的資金，因而英國具備了工業革命的基本條件。

英國的工業革命，首先是從棉紡織業開始的。從一七三三年機械師凱伊發明飛梭，到一七八五年工程師卡特萊特發明水力織布機，使紡織業逐步實現了機械化，一七八四年徒工出身的機械師瓦特吸收了前人成果，製造了改良的蒸汽機，加速了工業革命的過程。隨著機器的發明和在各工業部門的廣泛應用，機器製造業迅速發展起來。到十九世紀三〇年代，英國進入了用機器代替手工業製造的近代工業時期，完成了人類歷史上的第一次工業革命。

英國的工業革命，使社會生產力得到突飛猛進的發展。它不僅是一場技術革命，而且是一場深刻的社會變革。它為人類社會發展到高級社會形式——社會主義和共產主義社會準備了物質條件，這是工業革命最偉大的貢獻。

蒸汽機

34十九世紀初期空想社會主義的主要代表人物是誰?他們的主要功績是什麼?

空想社會主義，如果作為反映勞動群眾反抗資本奴役的社會意識來說，產生於十六世紀初資本主義生產方式萌芽時期。作為反映無產階級反對資本主義經濟、政治制度的社會學說，空想社會主義出現於十九世紀初期。它的主要代表人物，有法國的聖西門、傅立葉，英國的歐文。這三位智慧的思想家，創立了批判的空想社會主義學說。

一、對資本主義制度的弊病作了深刻的揭露和批判。聖西門說，資本主義是一個黑白顛倒的世界。傅立葉抨擊資本主義是「富人的天堂」，「窮人的地獄」。歐文指出了資本主義私有制是造成貧困及無數罪行和災難的唯一原因。

二、他們設想了未來「理想」的人類社會，並做出了一些有價值的預測和描繪。在聖西門設想的改革社會方案中，提出了用「實業制度」代替資本主義。他還提出了男女平等的主張。傅立葉設計了一種叫「和諧制度」的新社會，在這裡，沒有城鄉差別和工農差別，勞動成了人們的一種享受。歐文設計的模式叫「新和諧」公社。人們集體生產，義務勞動，消滅財產私有制，建立公有制，實行權利平等的原則。

三、這三位空想家的學說，為以後產生的科學社會主義理論提供了寶貴的材料，是馬克思主義思想的三大來源之一。

35十九世紀三、四〇年代西歐發生了哪三大工人運動？其重大歷史意義在哪裡？

無產階級自它存在的那天起，就開始了反對資產階級的鬥爭。到十九世紀三、四〇年代，這種鬥爭已由自發展的經濟鬥爭發展到自覺的政治鬥爭和武裝起義。其主要標誌是在西歐發生了三大著名的工人運動：一八三一年和一八三四年，在法國絲織中心里昂先後爆發了兩次工人起義。在一八三一年起義中，工人們在自己的戰鬥旗幟上寫著：「不能勞動而生，就要戰鬥而死！」它是歷史上最早發生的工人武裝起義。一八九六年至一八四八年期間，英國工人階級三次掀起了規模巨大的憲章運動。一八四四年在德國紡織工業中心西里西亞也爆發了工人武裝起義。這次起義一開始就意識到無產階級的歷史使命，反對私有制社會。

憲章派的集會

這三大工人運動雖然都遭到了反動當局的鎮壓，但其歷史意義是重大的，它標誌著無產階級反對資產階級的鬥爭發展到了一個新的時期，無產階級已作為一支獨立的政治力量登上了歷史舞臺。因為在三大工人運動中，無產階級不但提出了獨立的政治和經濟要求，將矛盾直接指向整個資產階級和資本主義制度，而且還建立了許多無產階級的政治組織，如英國的「全國憲章協會」等。這些情況表明，當資產階級和封建勢力爭奪政權的鬥爭還沒有結束的時候，無產階級已作為「爭奪統治而鬥爭的第三個戰士」，開始出現在歷史舞臺上。

36 十九世紀三〇年代至五〇年代自然科學的三大發現是什麼？

達爾文

隨著資本主義經濟的不斷發展，到十九世紀三〇年代至五〇年代，自然科學實現了巨大的飛躍，突出表現在自然科學的三大發現上。

第一，德國動物學家施旺和植物學家施萊登創立的細胞學說。施萊登於一八三八年發表的《植物發生論》一文中，認為細胞是構成植物體的單位。施旺的最大貢獻是一八三九年發表了《關於動植物的結構和生長的一致性的顯微研究》一文，文中明確指出動物和植物都是由細胞組成的。細胞是生命的基本單位的提出，揭示了所有生命現象之間的本質的統一性。

第二，能量守恆和轉化定律的發現。它是十九世紀三〇、四〇年代由德國傑出的自然科學家羅伯特．邁爾，英國物理學家焦耳，丹麥物理學家和工程師柯爾丁等五個國家的一批科學家發現的，這個定律揭示了熱、機械、電、化學等各種運動形式之間的統一性。

第三，英國博物學家查理．達爾文首先發現並系統的加以論述而建立起來的生物進化論。他在一八五九年十一月出版的《物種起源》中，系統地闡述了生物界千差萬別的動植物以至於人類，都是由簡單到複雜，由低級到高級進化而來的，並以自然選擇的學說解釋生物的進化，這就從根本上摧毀了各種唯心主義的神造論、目的論和形而上學的物種不變論，給宗教神學以沉重打擊。

這三大科學發現，使自然界的主要過程得到了說明，也提高了人們認識客觀事物的能力，破除了人們對宗教神學的迷信和崇拜，為馬克思主義辯證唯物論的創立提供了科學上的依據。

37 什麼是馬克思主義的三個來源和三個組成部分？

馬克思主義是在批判地繼承了人類以往優秀的文化成果的基礎上創立的。它的三個主要來源是：德國的古典哲學（代表人物是黑格爾和費爾巴哈）、英國的古典政治經濟學（代表人物是亞當・斯密和大衛・李嘉圖）和英、法兩國的空想社會主義（代表人物是歐文、聖西門和傅立葉）。

馬克思、恩格斯批判地繼承了黑格爾辯證法的合理內容和費爾巴哈的唯物主義基本思想，批判地吸收了亞當・斯密和大衛・李嘉圖的勞動價值論，批判地吸取了英法兩國三大空想社會主義者的一些寶貴材料和有益思想，加以革命的改造，從而創立了無產階級革命的學說。它由馬克思主義哲學（辯證唯物主義和歷史唯物主義）、政治經濟學和科學社會主義三個部分組成。

38 共產主義者同盟何時建立？它的戰鬥口號和奮鬥目標是什麼？

共產主義者同盟是科學社會主義理論與工人運動相結合的產物，是世界上第一個無產階級的共產主義政黨。它是馬克思、恩格斯適應西歐工人運動日益高漲的新形勢，從無產階級需要出發，在對僑居在法國的德國流亡者所組織的工人團體「正義者同盟」進行革命改造的基礎上，於一八四七年六月在英國首都倫敦建立的。共產主義者同盟的建立，標誌著共產主義運動的開端。

在共產主義者同盟成立大會上，根據馬克思和恩格斯的建議，用「全世界無產者，聯合起來！」的戰鬥口號，代替了「正義者同盟」原來使用的口號「人人皆兄弟」。

馬克思、恩格斯在科隆法庭上

一八四七年十一月二十九日至十二月八日，共產主義者同盟在倫敦召開第二次代表大會。由於大會進一步接受了馬克思和恩格斯的觀點，所以在大會通過的《同盟》新章程中，明確規定了它的奮鬥目標是「推翻資產階級政權，建立無產階級統治，消滅舊的以階級對抗為基礎的資產階級社會和建立沒有階級、沒有私有制的新社會」。

歐洲一八四八年革命爆發後，馬克思、恩格斯和共產主義者同盟的盟員與廣大革命群眾一起，積極參加了這次革命。後來由於內部分裂，一八五二年十一月十七日「同盟」宣布自行解散。

39《共產黨宣言》的基本思想和歷史意義是什麼？

馬克思、恩格斯合寫的光輝著作《共產黨宣言》，一八四八年二月在倫敦正式發表。它是馬、恩為共產主義者同盟起草的綱領，是國際共產主義運動的第一個綱領性文件。

一、闡明了資本主義必然滅亡，社會主義必然勝利的社會發展的客觀規律。《宣言》根據生產關係一定要適應生產力性質的科學原理，考察了人類社會的發展歷史，尤其是研究了資本主義生產方式產生和發展的經過，科學地論證了資本主義必然要被共產主義所代替這個不以人的意志為轉移的客觀規律。

馬克思、恩格斯《共產黨宣言》

二、闡明了無產階級的偉大歷史使命，即埋葬資本主義制度，建設社會主義和共產主義社會。《宣言》通過對資本主義社會各階層的歷史地位和無產階級的階級特性的科學分析，指出無產階級只有解放全人類，才能最後解放自己。實現共產主義，是無產階級擔負的歷史使命。

三、闡明了使用暴力革命推翻資產階級，建立無產階級政權的思想。在資本主義社會裡，無產階級和資產階級的利益是根本對立的，他們之間的鬥爭，必然要發展到爭奪政權的政治鬥爭。

四、闡明了共產黨的性質、特點以及策略原則，號召「全世界無產者，聯合起來！」

《共產黨宣言》是一部具有劃時代意義的不朽著作，它的發表標誌著馬克思主義的誕生，為無產階級解放運動奠定了基礎。

40何謂一八四八年歐洲革命？這次革命與以前的歐美資產階級革命有什麼不同？

一八四八年初，歐洲大陸爆發了一場規模宏大的革命運動，除沙皇俄國外，遍及整個歐洲國家。義大利、法國、德國、匈牙利、羅馬尼亞、捷克、波蘭等國都相繼捲入了革命風暴之中，一八四八年歐洲革命，是這次革命運動的總稱。

這次革命與以前的歐美資產階級革命的不同之處，主要有四個方面：

第一，爆發革命的經濟基礎不同。一八四八年歐洲革命爆發時，資本主義已有了相當的發展，雖然資產階級同封建勢力之間的矛盾尚未徹底解決，但這時資產階級的革命性大大減弱。因此，資產階級在同封建勢力進行鬥爭時，不僅不敢大膽地發動和領導革命，而且甚至背叛革命。

第二，爆發革命的階級基礎情況是不同的。這時，無產階級同資產階級的矛盾有了進一步發展，新興的無產階級已成為一支獨立的政治力量，代表自己的政治要求登上了歷史舞臺，在革命中發揮了主力軍作用。它不但反對封建制度，也反對資本主義制度，給這場資產階級革命打上了無產階級的深深烙印。

第三，由於這次革命中各國的革命任務不盡相同。在多民族和被壓迫的國家裡，存在著資本主義同封建主義的矛盾，也存在著被壓迫民族同壓迫民族的矛盾。在這兩對矛盾中，民族矛盾變成了革命的主要矛盾。

第四，這次革命和以前革命相比，雖然不夠徹底，但各國的革命鬥爭，還是重創了歐洲的反動封建秩序，並給歐洲封建反動勢力的支柱——沙皇以有力打擊。

41 一八四八年巴黎工人六月起義的重大意義是什麼？

一八四八年歐洲革命的中心在法國。一八四八年二月，法國無產階級不顧資產階級的害怕與動搖，發揮主力軍作用，同廣大人民群眾奮起革命，推翻了代表金融貴族利益的七月王朝，建立了臨時政府。但是，由於法國工人在小資產階級社會主義思想影響下，認為只要在政府中有了自己的代表就能實現自己的要求，這樣勝利果實就被資產階級篡奪了。六月二十二日，臨時政府悍然宣布解散為收容失業工人而開設的「國家工廠」，巴黎的無產階級忍無可忍，舉行示威反對。

六月二十六日黃昏，起義失敗。廣大工人遭到資產階級的血腥鎮壓，有一萬一千多名工人被殘殺，兩萬五千餘人被監禁、流放、服苦役。

巴黎工人的六月起義，具有重大的歷史意義。第一，這次起義具有鮮明的無產階級革命的性質，是歐洲各國內戰史上最重大的一次事變。在國際共產主義運動史上，樹立起無產階級反對資產階級鬥爭的第一面大旗。

第二，這次起義戳穿了資產階級宣揚的「自由、平等、博愛」的虛偽性和反動性。當無產階級為維護自身的利益而鬥爭時，掌握政權的資產階級，就撕掉掩蓋階級統治的遮羞布，用武力殘酷鎮壓工人。

第三，這次起義給予小資產階級社會主義理論沉重的打擊。實踐證明，小資產階級社會主義理論不能引導無產階級走向勝利，並獲得最終解放。只有科學社會主義理論，才是指路明燈。

42 法蘭西第一、第二、第三共和國的由來？

在十八世紀八〇年代末法國資產階級大革命，巴黎革命人民於一七八九年七月十四日攻佔了象徵封建專制制度的巴士底獄，取得武裝起義的勝利。一七九二年九月二十一日，國民大會在巴黎開幕。當天夜間，大會通過了廢除君主制的議案，宣布成立法蘭西共和國，歷史上稱為法蘭西第一共和國。它是法國歷史上第一個資產階級共和國。在熱月政變後，又經過熱月黨人、督政府和執政府時期，被拿破崙一世所建立的法蘭西第一帝國取而代之。

一八四八年二月，巴黎工人和革命群眾舉行武裝起義，推翻奧爾良王朝，要求廢除君主制，建立共和國。但竊取二月革命勝利果實的資產階級臨時政府，不願意這樣做。二月二十五日，革命家拉斯拜爾醫生帶領工人代表團來到市政廳，對臨時政府發出通牒：如在兩小時內不宣布成立共和國，他將率領二十萬人民來「質問」。臨時政府迫於群眾的壓力，宣布實行共和制，這就是法蘭西第二共和國。一八五一年十二月，路易．波拿巴發動軍事政變，實行軍事獨裁後，第二共和國名存實亡。

一八七〇年七月十九日，法國皇帝路易．波拿巴以普法兩國在西班牙王位繼承問題上有分歧為藉口，阻止德國的統一，首先向普魯士宣戰，普法戰爭爆發。九月二日，波拿巴作了普軍俘虜，消息傳到巴黎，群情激憤。九月四日，巴黎爆發革命，推翻第二帝國，直接宣布成立共和國，這就是法蘭西第三共和國。但是，一直到一八五一八七五年憲法通過後，才正式建立第三共和國。

43加里波第在義大利的統一運動中起了什麼作用？

一八四八年義大利爆發的資產階級領導的民族獨立鬥爭失敗後，國家仍處於四分五裂的狀態。它的北部和中部的大部分地區在奧地利統治下，羅馬駐有法國軍隊，南部的西西里王國被西班牙控制著，只有北部的薩伏依王朝統治下的撒丁王國是個獨立國家。因而實現民族獨立和國家統一，是義大利社會政治經濟發展的客觀要求。加里波第在義大利實現統一的過程中發揮了重大作用，他是義大利民族解放運動的領袖，資產階級革命家。

加里波第

加里波第曾加入由資產階級民主派代表馬志尼於一八三一年在法國馬賽建立的第一個義大利資產階級政治組織「青年義大利」黨。一八三四年這個黨領導的起義失敗後，他逃亡南美，參加南美的解放鬥爭達十四年之久。一八四八年歐洲革命爆發後，他回國領導了保衛羅馬共和國的戰鬥，失敗後逃到美國。一八五九年他又回國參加民族解放運動。一八六〇年四月，被西班牙波旁王朝殘酷統治下的西西里爆發了農民起義，加里波第率領千人紅衫志願軍前往支援，解放了西西里全境。同年九月，他又率軍攻下西西里王國首都那不勒斯，推翻了波旁王朝的統治，南部義大利完全解放。但由於他的革命局限性，卻與撒丁王國的薩伏依王朝實行妥協，將解放的土地合併於撒丁王國，撒丁國王伊曼紐爾二世成為義大利國王。一八六二年，加里波第曾率軍進攻羅馬，因受到薩伏依王朝的竭力阻止，進軍受挫。一八六七年，他再次進攻羅馬，被教皇和法國的聯軍打敗。一八七〇年，義大利的統一最終完成。其統一，與加里波第的卓越軍事才能是分不開的。

44 一八六一年沙皇俄國為什麼廢除農奴制？這次農奴制改革的性質和意義是什麼？

十七世紀至十八世紀，當資本主義在西歐繼續發展的時候，俄國還是一個盛行農奴制的落後的封建國家。從十九世紀三〇年代起，資本主義工業化在俄國有了緩慢的發展。但是，由於直接從事工業生產的大多數是沒有人身自由的農奴，因而資本主義工業所必需的自由勞動力就得不到保證。同時，落後的俄國農業也不能滿足資本主義工業對糧食和原料的需求。因此，隨著資本主義生產關係在封建社會內部的不斷發展，俄國農奴制的危機就日益加劇起來。

一八五三～一八五六年在爭奪巴爾幹半島和歐洲霸權的克里米亞戰爭中，沙皇俄國被資本主義英國和法國打敗，進一步暴露了農奴制的腐朽和落後，激化了國內的階級矛盾。農奴通過各種形式開展反對農奴制和沙皇專制制度的鬥爭。沙皇亞歷山大二世為了維護其統治，既懼怕農奴自下而上起來解放自己，也認識到發展資本主義工業對俄國的強大和爭奪世界霸權的重大意義，決定自上而下實行廢除農奴制的改革。一八六一年三月三日，亞歷山大二世正式簽署了《關於農民脫離農奴依附地主關係的法令》和特別詔書，先後解放了兩千一百多萬男性農奴，女性農奴也同時獲得解放。同時，通過向農奴勒索大量贖金，在一定程度上也為大機器生產和農業近代化提供了資金。因此，一八六一年俄國的農奴制改革，「是由農奴主實行的資產階級的改革」，具有一定的進步意義。它是俄國歷史上從封建生產方式過渡到資本主義生產方式的轉捩點，是俄國近代史的開端。但是，俄國這次農奴制改革很不徹底，仍保留了濃厚的封建殘餘。

45沙皇俄國政府通過哪些不平等條約割佔了中國一百五十多萬平方公里的領土?

沙皇俄國是最早的侵略國家之一。一八四〇年鴉片戰爭後，沙俄進一步擴大了侵略中國的活動。

一八五八年五月，沙皇政府乘英法侵華聯軍進攻天津，威脅北京之機，用武力強迫清朝政府簽訂了《中俄瑷琿條約》，割去黑龍江以北、外興安嶺以南六十多萬平方公里的中國領土，並把烏蘇里江以東的中國領土劃為中俄共管。

一八六〇年十一月，沙皇政府藉口「調停」英法侵略軍和清朝政府的關係有功，強迫清朝政府簽訂了《中俄北京條約》，把烏蘇里江以東約四十萬平方公里的中國領土，強行劃歸俄國。

一八六四年十月，沙皇政府又強迫清朝政府簽訂了《中俄勘分西北界約記》，強行割佔中國西部自巴爾喀什湖以東以南約四十四萬多平方公里的中國領土。

一八八一年二月，沙皇軍隊先侵占中國新疆的伊犁，而後強迫清朝政府簽訂《中俄伊犁條約》。沙皇政府通過《伊犁條約》和以後的幾個議定書，又吞併中國西部約七萬多平方公里的領土。一八九二年，沙皇俄國還強佔中國帕米爾地區薩雷勒嶺以西二萬多平方公里的領土。

一貫推行侵略擴張和爭霸世界政策的沙皇政府，通過這四個不平等條約，強行割去中國一百五十多萬平方公里的領土。

46 美國南北戰爭的起因、性質和歷史意義是什麼？

一八六一年四月，美國爆發了歷時四年的南北戰爭，又叫國內戰爭。這次戰爭，對美國歷史的發展產生了重大影響。

美國獨立戰爭結束以後，北部和東北部的經濟迅速發展起來。從十九世紀二〇年代開始了工業革命，到六〇年代，它的工業已躍居世界第四位。而在南方各州中，種植園奴隸制經濟則佔統治地位。這樣，美國北部工業資產階級和南部種植園奴隸主之間的矛盾就日益尖銳起來。這兩種經濟制度的矛盾和鬥爭，是引起美國南北戰爭的社會根源。

一八六〇年十一月，代表工業資產階級利益的共和黨人林肯當選為美國總統，從而打破了美國聯邦政府長期被南方種植園主掌握的局面。對於林肯的勝利，南方奴隸主採取組成「南部同盟」，另設首都和總統，另立憲法的分裂活動。並於一八六一年四月發動了武裝叛亂。林肯總統當即下令鎮壓叛亂，美國內戰便開始了。

這場戰爭的實質，是北方資本主義同南方奴隸制的鬥爭。就北方來說是正義的。因此，南北戰爭是美國歷史上第二次資產階級民主革命，是北美獨立戰爭的延續和擴大。這次戰爭以北方的勝利而告結束。

林肯

南北戰爭，在美國歷史上具有重大意義。它通過武裝鬥爭的形式，廢除了奴隸制，掃除了美國社會發展的最大障礙，解放了社會生產力，從而促進了美國資本主義的飛速發展。到十九世紀末，美國就躍居世界第一工業強國的地位。同時，這次戰爭也推動了美國工人運動和黑人運動的發展，對推動歐洲革命也產生了積極影響。

47美國獨立戰爭和南北戰爭有何相同點和不同點？

美國獨立戰爭和南北戰爭的相同點在於：從戰爭性質上看，這兩次戰爭都屬於資產階級革命性質的範疇。獨立戰爭具有兩重性，它既是一次資產階級革命，也是爭取民族獨立的戰爭。通過獨立戰爭，摧毀了英國對北美十三州進行殖民統治的枷鎖，取得了國家獨立，為美國資本主義經濟的迅速發展開闢了道路。在南北戰爭中頒布的《解放黑人奴隸的宣言》，取消了黑人奴隸制，為進一步發展資本主義掃清了障礙。所以南北戰爭也被稱為美國歷史上的第二次資產階級革命。

兩次戰爭的不同之處是：從所要解決的主要矛盾上分析，獨立戰爭所解決的主要矛盾是民族間的矛盾，戰爭是北美人民為爭取民族獨立而進行的反對英國殘酷殖民奴役的戰爭。英國殖民者企圖永遠霸佔北美，把它作為自己的原料產地和商品銷售市場，這就嚴重阻礙了北美的民族獨立和資本主義經濟發展。正是因為英國的沉重壓迫和剝削，造成了民族間矛盾的激化，從而導致了

林肯遇刺

北美獨立戰爭的爆發。南北戰爭就不同了，它所解決的主要矛盾是國內南北之間兩種經濟制度的矛盾，也就是北部的資本主義經濟同南部的奴隸制種植園經濟之間的矛盾。南方奴隸主為撈取更多錢財，驅使大批黑人奴隸為其勞動，但是，隨著北方資本主義日益發展，迫切需要把南方大批黑人奴隸「解放」出來。由此可見，南北兩種經濟制度的矛盾焦點，主要集中於黑人奴隸制的存廢上。加之黑人奴隸要求自身解放的鬥爭日趨高漲，終於導致南北戰爭爆發。

48歐美國家走上資本主義道路有哪幾種類型？

從西歐、北美國家走上資本主義道路的歷史來看，大體上可劃分為三種類型。（一）在封建社會孕育起來的資本主義經濟不斷發展的基礎上，經過自下而上的革命鬥爭或民族獨立戰爭，推翻了阻礙生產力發展的封建專制統治，建立起由資產階級專政的國家政權，確立了資本主義制度，西歐的英國、法國、大西洋彼岸的美國等，都屬於這一類型。（二）通過自上而下的王朝戰爭，把封建割據的邦國聯合起來，組成統一的民族國家，在促進資本主義發展的基礎上確立起資本主義制度。西歐的德國、義大利等，是這一類國家的典型。（三）由統治階級內部的改良，逐步擺脫了封建落後狀態，促進資本主義的發展。沙皇俄國在這方面表現得最為明顯。一八六一年俄國農奴制的廢除，標誌著俄國從封建社會開始向資本主義社會過渡。

49第一國際有哪些主要革命活動及其重大歷史功績？

第一國際從一八六四年九月在英國倫敦建立，到一八七六年七月在美國費城解散，前後存在將近十二年的時間。它的主要革命活動，包括兩個方面：

一、開展了反對地主資產階級和各國反動政府的鬥爭。主要表現在：第一，大力支持了各國工人階級的罷工鬥爭。比如，一八六七年巴黎機器工人大罷工等。第二，積極支持被壓迫民族和人民的解放鬥爭。例如，第一國際組織和領導了愛爾蘭人民爭取民族獨立、反對英國殖民政府政策的鬥爭。第三，積極進行了反對戰爭危險的鬥爭。十九世紀六〇年代，由於各資本主義國家推行侵略擴張政策，使國際局勢不斷惡化，戰爭陰雲籠罩著歐洲上空。面對這種形勢，國際總委員會多次討論了戰爭問題，做出了相應的決議。第四，積極支持巴黎公社革命。一八七一年三月十八日巴黎公社革命發生後，馬克思、恩格斯以國際總委員會的名義，給國際各個支隊寫了幾百封信件，號召各國工人用實際行動，支持公社的革命事業。

恩格斯

二、在國際內部，進行了反對各種非無產階級社會主義流派的鬥爭。第一國際在國際共產主義運動史和國際工人運動史上都佔有光輝地位，從理論方面看，它使馬克思主義廣泛傳播起來；從實踐方面看，促進了國際工人運動的發展；從組織方面看，奠定了民主集中制思想和無產階級國際主義原則，積累了同各種錯誤傾向做鬥爭的豐富經驗，培養了一大批無產階級的優秀骨幹。這些，為各國無產階級建立自己獨立的政黨，提供了寶貴經驗和必要條件。

50馬克思的《資本論》第一卷在何時出版？它的重大意義是什麼？

一八六七年九月十四日，由馬克思精心整理和反覆修改校訂的《資本論》第一卷，在德國漢堡出版。這是人類思想史上和國際共產主義運動史上劃時代的重大事件。《資本論》是馬克思花了二十五年的心血，從事艱鉅的理論研究的科學結晶，是無產階級反對資產階級鬥爭的經驗總結，它系統完整地闡述了馬克思主義三個組成部分。在這部長達兩百多萬字的長篇巨著中，馬克思運用他自己創立的歷史唯物主義的基本原理，從分析資本主義社會中最常見、最基本的東西——商品入手，淋漓盡致地解剖了資本主義經濟制度，充分揭露了資本主義社會的一切矛盾，科學地闡明了資本主義經濟運行的規律，完整地論證了剩餘價值學說，深刻地揭示了資本主義剝削的實質和秘密。《資本論》通過對資本主義經濟發展史和資本主義生產總過程的分析，科學地揭示了資本主義必然滅亡和社會主義必然勝利的客觀規律。《資本論》全面地豐富和發展了馬克思主義的理論寶庫，既完成了政治經濟學的偉大革命，又為國際共產主義運動奠定了堅不可摧的理論基礎。

51 何謂普法戰爭？它的起因和結果如何？

一八七〇年七月十九日，法蘭西第二帝國發動了對普魯士的戰爭，歷史上稱為「普法戰爭」。

普法戰爭是普法兩國統治集團爭奪歐洲霸權的王朝戰爭，這次戰爭，是由拿破崙三世以西班牙王位繼承問題為藉口首先挑起的。他期望通過對普魯士的戰爭，轉移國內人民日益不滿現狀的視線，擺脫國內嚴重的政治危機，繼續維持其反動統治；同時企圖通過戰爭阻止德國的統一，並乘機奪取萊茵河左岸地區，實現其稱霸歐洲的狂妄野心。以俾斯麥為首相的普魯士政府、容克地主和資產階級也是求戰心切，很早以來就想通過王朝戰

俾斯麥出席柏林會議

爭完成德意志的統一，並打敗和削弱法國，佔領礦藏豐富的阿爾薩斯和洛林，建立德意志帝國在歐洲的霸權地位。這樣，普法戰爭勢不可免。

普法戰爭的結局是法國戰敗。實踐證明，馬克思指出「不管路易．波拿巴同普魯士的戰爭結局如何，第二帝國的喪鐘已經在巴黎敲響」是正確的。普法戰爭開始後，法軍節節敗退，色當一戰，十萬法軍被圍，法國皇帝路易．波拿巴和法軍元帥、三十九名將軍和八萬多名士兵都成了俘虜。九月二日法軍簽署了投降書。色當投降的消息傳到巴黎後，激憤的巴黎人民於九月四日舉行起義，推翻了第二帝國對法國長達十八年的反動統治。同時，這也是導致巴黎公社革命的外部原因。而對於普魯士來說，由於在戰爭中取勝，德意志民族的統一終於實現。一八七一年一月十八日，德意志帝國宣布成立。

52巴黎公社是怎樣誕生的?巴黎無產階級為捍衛自己的政權是怎樣英勇戰鬥的?

一八七一年三月十八日，法國無產階級在首都巴黎舉行震撼世界的武裝起義，推翻了資產階級統治，建立了以「巴黎公社」命名的革命政權。巴黎公社是世界歷史上建立的第一個無產階級政權組織。

巴黎公社成立大會

巴黎公社革命是在普法戰爭中法國社會各種矛盾發展的必然結果。一八七〇年七月普法戰爭爆發後，法軍迅速潰敗，法國皇帝路易·波拿巴投降。九月四日，巴黎發生革命，推翻了法蘭西第二帝國，建立了第三共和國，但政權被資產階級奪去。「國防政府」暗中進行賣國勾當，爾後接替「國防政府」的梯也爾反動政府進行公開賣國。一八七一年三月十八日清晨，梯也爾派反動軍隊偷襲蒙馬特爾高地，於是巴黎無產階級舉行武裝起義。當晚，國民自衛軍佔領了巴黎市政廳和其他主要政府機關，梯也爾很快逃往巴黎郊區的凡爾賽，資產階級政權第一次在歷史上被無產階級推翻了。三月十九日，國民自衛軍中央委員會宣告掌握了巴黎的政權，並宣布通過選舉工人成立公社。三月二十八日，世界歷史上第一個無產階級專政的國家政權——巴黎公社誕生了。

巴黎公社受到人民的熱烈擁護，但是法國和歐洲一切反動力量卻視它為眼中釘。從四月二日開始，他們組織的反革命武裝開始反撲。五月十日，凡爾賽政府與普魯士政府簽訂法蘭克福和約。五月二十日，梯也爾在俾斯麥支持下對巴黎公社發起總攻。到五月二十七日，公社工人的五月流血週，大部分工人區陷落。五月二十八日，巴黎公社失敗。

53巴黎公社採取了哪些主要革命措施？

巴黎公社成立後採取的主要革命措施有四項：（一）廢除資產階級鎮壓和奴役人民的常備軍、警察、官僚、舊法官和僧侶勢力的舊政權機構，建立了新的國家機構。公社用人民武裝——國民自衛軍代替了資產階級舊軍隊，取消了舊警察和舊法庭，組織了新法庭，選出了人民法官；廢除了立法、司法、行政三權分立的官僚機構，建立了同時兼管行政與立法的公社委員會。公社幹部由人民普選產生或上級任命，都要接受人民的監督。（二）實行了一些帶有社會主義性質的維護勞動人民利益的經濟政策。如沒收逃亡資本家的工廠交給工人協作社組織生產，實行民主管理，對鐵路運輸和軍需生產實行監督；嚴禁以任何藉口克扣工人工資或罰款；取消由舊警察把持的職業介紹所；設立由公社管理的失業工人職業介紹所；頒布了延期償還債務和房租的法令；關心農民的解放，發布告農民書等。（三）在文化教育方面，公社實行了政教分離，把僧侶從學校趕走，廢除宗教偶像，禁止祈禱，這對清除宗教對教育的影響和對人民的思想解放起到了良好作用。公社還宣布實行免費教育，創辦了業餘教育，提高了教師的工資待遇。（四）執行了無產階級國際主義政策。公社團結了波蘭、奧地利、義大利等許多外國革命者，吸收他們中的優秀分子參加公社領導機構。從某種意義上說，公社是一個「國際共和國」。巴黎公社採取的這些措施，充分體現了它在實質上是工人階級的政府。

54在十九世紀後三十年中世界科學技術取得了哪些重大成就？影響如何？

愛迪生發明留聲機

十九世紀七〇年代到十九世紀末葉，是資本主義向帝國主義的過渡時期。在這三十年間，世界科學技術飛速發展，取得了很多重大成就。

首先表現在電力的發現和廣泛使用上。十九世紀三〇年代，英國科學家法拉第發現磁鐵在線圈中運動能產生電流以後，到一八七七年便製造出了有價值的發電機。兩年後美國發明家愛迪生發明了電燈泡。一八八二年世界上又出現了電車，人類歷史由蒸汽時代進入了電氣時代。在電力成為新能源後不久，石油也成了重要能源。其次，內燃機車和汽車、飛機等新型高速交通工具的創製和使用。十九世紀九〇年代，德國工程師魯道夫·狄塞爾設計出高效率的內燃發動機。接著，一八九六年，美國人亨利·福特製造出了第一輛四輪汽車。一九〇三年，美國人萊特兄弟製造的飛機試飛成功。第三，近代電訊事業的發明為遠距離傳遞資訊創造了條件。摩爾斯於一八四四年在美國的華盛頓和巴爾的摩之間試拍有線電報成功之後，一八七六年，蘇格蘭人貝爾試驗有線電話成功。八〇年代，義大利人馬可尼，製出了無線電通訊設備，並於一八九九年在英、法之間發報成功。這些重大的科學技術成就，在生產上得到廣泛地推廣和應用，使世界經濟得到了空前的發展。

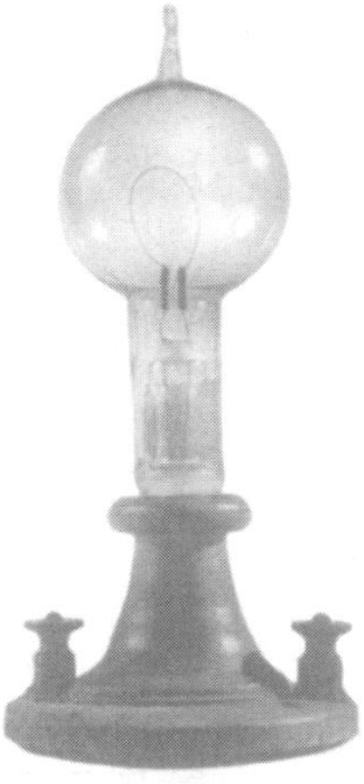

電燈

55為什麼美國被稱為「托拉斯帝國主義」？

美國是一個後起的資本主義國家。但在十九世紀末二十世紀初，它的工業生產已從世界的第四位躍居到第一位，產品佔全世界的三分之一。隨著生產和資本急劇集中，全國的鋼鐵、石油、鐵路和汽車等企業，被一小撮金融寡頭所壟斷。美國壟斷組織的發展又極為迅速，其主要組織形式為托拉斯。幾乎所有的重要生產部門都成立了托拉斯，托拉斯等壟斷組織所控制的生產額常達百分之五十到百分之九十。列寧指出：「美國托拉斯是帝國主義經濟或壟斷資本主義經濟的最高表現。」因此，列寧稱美國為托拉斯帝國主義。

56 英國為什麼被稱為「殖民帝國主義」？

英國從十六世紀末起，陸續在世界五大洲強行侵佔了廣大的殖民地，到一九一四年第一次世紀大戰爆發前，它的殖民地面積達到三千三百五十萬平方公里，相當於本國領土的一百多倍；殖民地人口近四億，等於本國人口的九倍，對廣大殖民地的殘酷壓榨和剝削，是英國壟斷資本發展的重要條件。至第一次世界大戰爆發前夕，英國對外輸出資本的總額相當於法、德兩國的資本輸出的總和，位居世界首位，食利者階層的收入超過對外貿易的四倍。英國殖民地領土遍及世界各大洲，形成一個龐大的「日不落帝國」。由於殖民地與英國的政治、經濟關係特別密切，是世界上強佔殖民地最多的國家，所以列寧稱英國為「殖民帝國主義」。

57法國為什麼叫「高利貸帝國主義」？

法國是個老牌的殖民主義國家。到一九〇〇年時，它所佔領的殖民地面積達三千七百萬平方公里，殖民地人口達五千六百萬。普法戰爭後，因為對德國的巨額賠款和割地，嚴重影響了法國資本主義的發展。十九世紀末，法國工業發展速度落在美國、德國的後面。由於生產得不到高度發展，壟斷資產階級就把大量資本向國外輸出，從中榨取高額壟斷利潤。到第一次世界大戰前，法國在資本輸出方面僅次於英國，佔世界第二位。而且它的資本輸出與英國不同，主要是輸出借貸資本，具有明顯的高利貸性質。據歷史資料統計，法國從一九〇九年到一九一三年間，僅高利貸的利息收入每年就有十七億零五百萬法郎到十八億零五百萬法郎。在法國，不僅大資本家進行高利貸活動，中小資本家也以收購證券的方法發放高利貸借款，形成了一個龐大的食利寄生階層，人數戰前已達兩百萬之多。法國壟斷資產階級這種高利貸性質的資本輸出，對法帝國主義的形成和經濟發展具有特殊意義，列寧把它稱作「高利貸帝國主義」。

58俄國為什麼被稱為「軍事封建帝國主義」？

一八六一年俄國農奴制廢除後，資本主義經濟得到比較迅速的發展。但俄國資本主義向帝國主義的過渡，是在社會經濟的各個方面保留著大量封建農奴制殘餘的情況下進行的。由於俄國資產階級力量薄弱，它既離不開沙皇政府的補助、扶持和保護，又和貴族地主階級有著千絲萬縷的聯繫；既顯得十分軟弱，又要靠一切暴力手段來維護他們的壟斷、特權和利潤，所以俄國資本主義就同專橫跋扈的沙皇封建制度融合在一起了。因此，俄國帝國主義的特點是軍事封建帝國主義。正如列寧指出的那樣：「在俄國，資本帝國主義較薄弱，而軍事封建主義是比較強大的。」俄國這種軍事封建帝國主義，是用軍事力量上的壟斷權，通過對外擴張和掠奪，達到經濟上的壟斷，藉以補充和代替金融資本的壟斷。

59 德國為什麼叫「容克——資產階級帝國主義」？

德國是一個後起的資本主義國家。在十九世紀上半期，也就是在普法戰爭前，德國還沒有統一，仍然處在四分五裂的封建邦國統治下，資本主義工業遠比英、法、美等國落後。雖然它從二〇年代起在部分工場採用機器，一八三四年德意志關稅同盟成立後促進了統一民族市場的形成，加快了工業發展的速度。但從整個看來，到七〇年代初，德國基本上還是一個農業國，它的大工業剛剛產生。但到十九世紀末，情況就發生了根本變化。

德國的鋼鐵、煤炭產量急劇增長，鐵路線長度在三十年間增加近兩倍。機器製造業和造船業，特別是重工業的年輕部門——電機工業和化學工業，得到了巨大發展。到二十世紀初，按工業產值說，德國已超過英國，僅次於美國，躍居世界第二位，歐洲第一位，變成了歐洲的強國。德國資本主義經濟之所以突飛猛進的發展，主要原因在於：首先，雖然德國產業革命開始較晚，但由於它可以利用最新的科學技術成就和其他老牌資本主義國家的經驗，使自己的工業開始就建立在最現代化的技術基礎之上，避免了更新舊設備的拖累，從而出現了「跳躍式」的向前發展，趕上並超過了老牌資本主義國家。其次，德國在王朝戰爭中實現了自上而下的統一。第三，德國資產階級依靠對本國勞動人民和殖民地半殖民地人民的殘酷剝削和掠奪，特別是在普法戰爭中，德國從法國攫取了五十億金法郎的巨額賠款，為發展工業提供了大量資金。

60德國社會民主黨是怎樣建立起來的？

德國社會民主黨誕生於一八六九年八月。十九世紀五〇年代，德國資本主義工業有了很大發展，工人階級隊伍隨之壯大，先後建立了各種工人團體。由於馬克思主義的傳播和國際工人運動的影響，德國工人運動在沉寂了十五年之後又重新高漲起來，並要求擺脫資產階級的影響和控制，成立無產階級獨立的政治組織。經過籌備，於一八六三年五月，在萊比錫舉行工人代表會議，建立了「全德工人聯合會」，拉薩爾被選為聯合會主席。但拉薩爾和他的門徒推行了一系列反對無產階級革命和無產階級專政、維護容克貴族反動統治的機會主義路線，使「聯合會」完全變成了一個機會主義宗派，被稱為「拉薩爾派」。拉薩爾一夥把德國工人運動引上了歧途。隨著德國工人運動的不斷發展，越來越多的「聯合會」會員和先進工人認清了拉薩爾主義的本質，要求建立以馬克思主義為指導的獨立的無產階級政黨的呼聲日益強烈。在這種歷史條件下，以威廉・李卜克內西、倍倍爾、白拉克為代表的革命左派，在馬克思、恩格斯的幫助下，於一八六九年八月在愛森納赫城舉行全德社會民主主義者代表大會，正式建立了德國社會民主工黨，又稱「愛森納赫派」。它既是德國的第一個獨立的無產階級政黨，也是國際共產主義運動史上第一個在民族國家範圍內建立起來的馬克思主義政黨。這個黨在德國統一、普法戰爭、巴黎公社等重大問題上，都採取了正確立場，因而受到廣大工人和勞動群眾的擁護。所以，這個黨的成立，標誌著德國無產階級的革命鬥爭發展到了一個新階段。一八九〇年十月，德國社會民主黨在哈雷舉行的代表大會上，把黨的名稱改為「德國社會民主黨」。

61何謂「非常法」？德國黨的鬥爭策略是什麼？

一八七五年五月，德國社會民主工黨同拉薩爾派的合併，雖然付出了很大的代價，但在客觀上促進了德國工人運動的發展。到一八七七年，德國社會民主黨建立了兩百五十多個地方組織，黨員發展到三萬三千多人，在議會選舉中獲得約五十萬張選票和十二個議席，成為全國第四大黨。德國工人運動的發展和德國社會民主黨的日益壯大，使統治階級深感恐懼和不安。一八七八年十月，以「鐵血宰相」俾斯麥為首的德國政府，藉口有人企圖謀刺德皇威廉一世，利用議會通過了「鎮壓社會民主黨企圖危害治安的法令」，即所謂「非常法」，這項法令規定：凡是進行社會主義宣傳的各種組織，出版物和集會都受封禁；政府可隨時宣布戒嚴，並可不按法律手續逮捕和放逐社會民主黨黨員。「非常法」的頒布，使德國工人階級和社會民主黨面臨著嚴重的考驗。在實施初期，由於黨的領袖對突然襲擊和暴力鎮壓缺乏應有的思想準備而不知所措。黨內的一些右傾分子，公開要求黨無條件的服從非常法，放棄階級鬥爭和暴力革命。就在德國社會民主黨處於混亂的危急關頭，馬克思和恩格斯幫助黨的領導人糾正錯誤，制定了非常狀況下的鬥爭策略。黨在實際上已失去合法地位，就應該採取合法鬥爭和秘密鬥爭相結合的策略，加強黨和群眾的聯繫，團結和積聚力量。到一八九〇年，黨在議會選舉中獲得巨大選票，成為德國最強大的政黨之一。德國黨在選舉中的勝利和罷工運動的高漲，說明俾斯麥實行的高壓政策和繼而採取的社會立法政策的徹底破產。一八九〇年一月，俾斯麥再度要求帝國議會延長「非常法」，但遭到多數票否決。

62俄國社會民主工黨是怎樣建立起來的?它是怎樣分裂為布爾什維克和孟什維克的?

俄國第一個馬克思主義團體出現於一八八三年，這就是普列漢諾夫僑居瑞士日內瓦時所組織的「勞動解放社」。「勞動解放社」先後於一八八四年和一八八七年擬定了兩個俄國社會民主黨綱領草案，這對於在俄國建立馬克思主義的社會民主黨，是個重要的步驟。但在第一個綱領草案中，還保存有民粹派觀點的痕跡，而且包含了個人恐怖的策略。在俄國，把馬克思主義和工人運動結合起來的任務，是由列寧解決的，一八九五年，列寧把彼得堡的馬克思主義小組改為「工人階級解放鬥爭協會」。一八九八年三月，俄國社會民主工黨在明斯克舉行第一次代表大會，宣告了黨的成立。一九〇三年七月至八月，俄國社會民主工黨在國外召開了第二次代表大會，大會通過了黨綱，選舉和建立了黨的中央領導機關。這次代表大會，從思想上完成了俄國社會民主工黨建立的任務。在這次大會選舉中央領導機構時，擁護列寧的革命派，在中央委員會和中央機關報編輯部人選上獲得多數，被稱為布爾什維克；反對列寧的馬爾托夫派居少數，被稱為孟什維克（俄文譯音）。

63俄國一九〇五年革命的任務、性質和歷史意義是什麼？

俄國一九〇五年革命，是資本主義進入帝國主義時代後爆發的第一次革命風暴。它的任務，是推翻沙皇專制制度，消滅農奴制殘餘，建立民主共和國。因為這次革命要解決的主要矛盾是沙皇專制制度與俄國人民大眾的矛盾，革命的目的是推翻沙皇反動統治，所以這次革命的性質是資產階級民主革命。但是，它和西歐十七、十八世紀資產階級革命有著不同的特點。這次革命發生在資本主義走向崩潰的帝國主義時代，是無產階級領導的資產階級民主革命。一九〇五年一月，彼得堡普梯洛夫工廠工人大罷工是這次革命的開始，後來發展成全俄工人政治大罷工、農民起義和黑海船隊「波將金」鐵甲艦士兵起義。到十二月下旬，在莫斯科等地先後爆發了聲勢浩大的武裝起義，達到革命的頂點。由於沙皇政府的血腥鎮壓，革命轉入低潮，延續到一九〇七年，這次革命終於失敗了。俄國一九〇五年革命具有重大的歷史意義和國際影響。它沉重打擊了沙皇專制制度，暴露了俄國資產階級

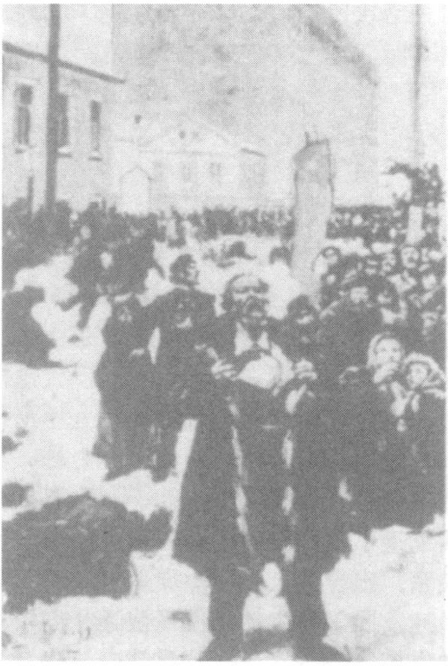

俄國一九〇五年革命「流血的星期日」

的軟弱性和反動性，使布爾什維克黨及廣大人民經受了鍛鍊和考驗，積累了革命經驗，從而為民主革命轉變為十月社會主義革命創造了條件。這次革命結束了從一八七一年巴黎公社失敗以後歐洲革命的低潮狀態和資本主義長期相對穩定的「和平」局面，推動了歐洲工人運動的發展，促進了整個亞洲的民族民主解放運動，從而揭開了革命風暴的序幕。

64 「三國同盟」和「三國協定」是怎樣形成的？

帝國主義國家在十九世紀末二十世紀初爭奪世界霸權和瓜分殖民地的明爭暗鬥中，結成了兩個互相敵對的軍事集團，即三國同盟和三國協約。三國同盟由德國、奧匈帝國和義大利三國組成，它的核心是德、奧同盟。德、奧兩國為共同對抗俄國，孤立和打擊法國，在一八七九年十月秘密簽訂了同盟條約。後來，義大利同法國爭奪北非突尼斯失敗，為對付英法伸向地中海的勢力而投靠德奧集團。一八八二年五月，德、奧、義三國在維也納簽訂三國同盟條約。條約規定，三國中的一方或兩方受到兩個或兩個以上強國的進攻，三國應協同作戰。至此，三國同盟最後形成。三國協約由法國、俄國和英國三國組成。法、俄兩國是在同德、奧的爭奪和對抗中接近起來的。一八九一年，法俄締結諮詢條約，雙方同意在發生戰爭危險時，立即協商對策。接著，兩國又締結軍事協定，規定如法國受到德國或奧國的攻擊，俄國要用全部力量進攻德國。英國為對付

《德日意三國同盟條約》簽字儀式

它的主要對手德國，被迫放棄一直採取的所謂「光榮孤立」政策。一九〇四年，它與法國在殖民地問題上達成協定。英、法協約又促進了英、俄的接近。一九〇七年八月，英、俄在伊朗、阿富汗等勢力範圍劃分上達成了協定。英、法、俄在調整了他們的矛盾之後，聯合起來共同對付三國同盟，三國協約最後形成。這兩個相互敵視的帝國主義軍事侵略集團形成後，雙方都開始進行瘋狂的擴軍備戰，積極準備發動戰爭。

65「五一」勞動節是怎樣來的？

「五一」國際勞動節，是全世界勞動人民團結戰鬥的節日。十九世紀八〇年代，爭取八小時工作制成為美國許多工人的普遍要求。一八八六年五月一日，美國芝加哥等城市的三十五萬工人為要求改善勞動條件，為爭取八小時工作制舉行總罷工和示威遊行。為紀念美國工人為爭取八小時工作制的鬥爭，一八八九年七月在巴黎第二國際成立大會上，根據法、美兩國代表的建議，大會通過了關於「五一」國際勞動節的決議，號召「各國勞動者應該按照本國條件所允許的方式，組織『五一』遊行示威」。從此以後，各國工人和勞動人民，都在這個節日舉行示威遊行和紀念活動，爭取八小時工作日和實現巴黎大會的其他各項決議。

66何謂薩拉熱窩事件？它為何成了第一次世界大戰的導火線？

一九一四年六月中旬，奧匈帝國皇儲弗朗茨．斐迪南大公在和德國皇帝威廉二世會晤後，攜同妻子前往塞爾維亞邊境，檢閱奧匈陸軍軍隊演習。這個極端軍國主義分子，一貫主張吞併塞爾維亞。而這次演習，又安排在被奧匈強佔的塞爾維亞人居住的波斯尼亞進行。斐迪南檢閱後還要訪問波斯尼亞的首府薩拉熱窩。這一系列的安排，引起了塞爾維亞人的巨大憤慨。一九一四年六月二十八日，當斐

薩拉熱窩事件

迪南夫婦檢閱了演習部隊，乘敞篷車訪問薩拉熱窩市時，塞爾維亞愛國軍人團體「黑手令」會員、具有強烈愛國主義思想的中學生普林西波，連放兩槍把他們擊斃。這就是著名的薩拉熱窩事件。斐迪南遇刺事件發生後，奧匈帝國決定挑起蓄謀已久的侵佔塞爾維亞的戰爭，同盟國和協約國兩大軍事集團也決心乘機發動早已準備的大戰。這樣，這一事件就成了第一次世界大戰的導火線。七月二十八日，奧國在德國唆使下向塞爾維亞宣戰。俄國不能容忍奧匈帝國的擴張，實行總動員。八月初，德國向俄、法宣戰。英國向德國宣戰，奧國向俄國宣戰；八月二十三日，亞洲的日本對德宣戰。這樣，這場戰爭很快就超出歐洲範圍，以歐洲為主要戰場的第一次世界大戰就這樣爆發了。

67 第一次世界大戰的性質、經過和結果是怎樣的？

從一九一四年七月開始至一九一八年十一月結束的第一次世界大戰，是人類歷史上第一次在全世界範圍內進行的大屠殺。從參戰的雙方看，無論是協約國英、法、俄，還是德、奧等同盟國，都是非正義的、掠奪性的帝國主義戰爭。第一次世界大戰的主要戰場在歐洲，重要戰線有三條：西線在比利時、法國北部和德法邊境，是英法兩國對德作戰的戰場。東線從波羅的海南岸直到羅馬尼亞，是沙皇俄國對德奧作戰的戰場。南線在巴爾幹，主要是奧匈帝國軍隊對俄國和塞爾維亞作戰的戰場。一九一四年九月，德軍主力和英法聯軍在巴黎附近的馬恩河展開大會戰，德軍大敗，雙方轉入對峙的陣地戰。在東線，俄軍進攻東普魯士失利，到一九一四年底，東線也形成了對壘局面。在巴爾幹戰線，俄國則大敗奧匈帝國軍隊。一九一六年二月下旬，德軍向法國軍事要塞凡爾登猛攻，法國動員大量物力人力才守住陣地，這一戰爭持續半年以上。七月，索姆河戰役打響，從而西線再度轉入陣地戰。一九一七年二月，德國實施「無限制潛水艇戰」，對交戰國和中立國的船隻都進行襲擊。美國以此為藉口加入協約國參戰。一九一七年俄國十月革命勝利後，蘇維埃俄國於一九一八年三月退出了帝國主義戰爭。一九一八年十一月十一日，德國投降，歷時四年之久的第一次世界大戰結束。其結果以同盟國的失敗而告終。德意志帝國、奧匈帝國、土耳其帝國瓦解，美國大發戰爭財，英、法雖然獲勝，但遭受重大損失，元氣大傷。

68 十九世紀末到二十世紀三〇、四〇年代世界科學技術有哪些重大突破？

十九世紀七〇年代到二十世紀初，世界科學技術取得了重大成就，有一系列重大突破。十九世紀七〇

愛因斯坦

年代，是電力時代的開始。自一八三一年英國工人出身的科學家法拉第發現電磁感應的基本定律後，到一八七三年英國物理學家詹·麥克斯韋進一步提出了電磁場的基本理論，這不僅預言了電磁波的存在，而且揭示了光、電、磁現象的本質統一性。發電機、電動機的製造，白熾電燈的發明（一八七九年），使人類歷史開始了把電用於動力、照明和通訊為基礎的現代文明生活。在這期間物理學的重大發現還有，一八九五年德國物理學家倫琴發現了X射線，一八九六年法國物理學家湯姆遜發現了電子，一八九八年居里夫婦發現了鐳。一九〇五年和一九一五年，著名的德國物理學家愛因斯坦先後創立了相對論和廣義相對論。在微觀物理學的研究中，一九三〇年德國物理學家玻特等人發現了中子，從而加速了原子核子物理學的進程。在義大利物理學家蒙米領導下，一九四二年美國建立了世界上第一座原子反應堆，一九四五年又製成了第一顆原子彈。在生物學方面，二十世紀三〇年代前後，對生命物質代謝的化學變化作了系列研究，發現生物體內這種化學反應都是在一種特殊的蛋白質——酶的催化作用下進行的。遺傳學的研究也取得了重大進展。早在一八六五年奧地利科學家孟德爾就發現了重要的遺傳定律，到二十世紀二〇年代前後，美國的遺傳學家摩爾根等確定了遺

居里夫人

傳基因學說。

69俄國二月革命是怎麼回事?這次革命勝利後出現了什麼樣的政治局面?

第一次世界大戰，使參戰各國的經濟都遭到嚴重的破壞。沙皇俄國本來就是帝國主義各種矛盾的集中點，由於連年的帝國主義戰爭，出現了最嚴重的經濟和政治危機，廣大人民對沙皇政府深惡痛絕。在布爾什維克黨的教育和領導下，俄國工農群眾反對戰爭、反對沙皇專制制度的群眾性罷工浪潮急劇高漲，革命形勢已經到來。一九一七年二月中旬（俄曆），彼得格勒普梯洛夫工廠三萬工人罷工，其他工廠紛紛回應，並迅速發展為反對沙皇專制制度的政治總示威。布爾什維克黨及時號召並領導進行武裝起義。二十六日，武裝起義開始，駐守在彼得堡的六萬多士兵也轉到革命方面，起義的工人和士兵逮捕了沙皇的大臣和將軍，並打開監獄釋放革命者。二十七日晚，彼得格勒工兵代表蘇維埃第一次代表大會開幕。首都起義勝利的消息迅速傳遍全國，各地人民奮起摧毀沙皇地方政權。這樣，作為歐洲反動堡壘的沙皇專制制度，歷時三百多年的羅曼諾夫王朝終於被推翻了，俄國人民在布爾什維克黨的領導下，取得了資產階級民主革命的勝利。二月革命勝利後，在全國各地相繼建立了蘇維埃政權。可是，當時布爾什維克黨的許多領導人還被關在監牢裡，孟什維克和社會革命黨人便在蘇維埃中奪取了領導權。他們害怕革命進一步發展，急忙同國家杜馬中資產階級的代表勾結，成立了資產階級臨時政府。這樣，在俄國就出現了兩個政權並存的政治局面。一個是資產階級專政的臨時政府；另一個是工兵代表蘇維埃，它擁有革命武裝，是工農民主專政的政權機關。兩個政權的同時存在，反映了二月革命後俄國階級力量的對比關係，說明了俄國革命正處在一個過渡的、不穩定的階段。

70列寧的《四月提綱》是在什麼歷史條件下提出的?它的主要內容是什麼?

一九一七年俄國二月革命後，布爾什維克黨為實現社會主義革命而鬥爭。針對兩個政權並存的局面，布爾什維克黨的任務是要盡一切努力把全部政權轉歸蘇維埃，為此就要制定出切實可行的策略路線。在革命轉變關頭，列寧衝破帝國主義的重重阻撓，於一九一七年四月三日，從瑞士回到彼得格勒。第二天，列寧在塔夫利達宮召開的布爾什維克黨領導工作人員會議上，作了《論無產階級在這次革命中的任務》的報告，這就是著名的《四月提

列寧

綱》。提綱回答了俄國革命所面臨的一系列重大問題，給黨和無產階級制定了從資產階級民主革命過渡到社會主義革命的路線和策略，列寧在《四月提綱》中明確指出：目前俄國的特點是從革命的第一階段過渡到革命的第二階段，第一階段由於無產階級的覺悟性和組織性不夠，政權落到了資產階級手中，第二階段則應當使政權轉到無產階級和貧苦農民階層手中，同時提出「不給臨時政府任何支持」，「全部政權歸蘇維埃」兩個口號，這就為布爾什維克黨提出了由資產階級民主革命向社會主義革命發展的路線。列寧提出的革命和平發展方針是馬克思主義的策略方針，它是依據俄國當時的具體歷史條件而提出的除暴力革命以外的另一種奪取政權的形式。

71 十月社會主義革命是怎樣取得勝利的？

俄國二月革命勝利後，出現了兩個政權並存的局面。竊取政權的資產階級，隨時準備把無產階級及其

十月革命

領導者布爾什維克黨淹沒在血泊之中。七月流血事件的嚴酷現實，說明只有推翻臨時政府，實現「政權歸無產階級和貧苦農民」，才是俄國無產階級的唯一光明出路。為此，布爾什維克黨根據第六次代表大會確定的武裝起義奪取政權的方針，積極進行各種準備工作。

一九一七年八月，臨時政府召開「國務會議」。臨時政府總理克倫斯基在會上瘋狂叫囂要用「鐵和血」來鎮壓革命。俄軍總司令科爾尼洛夫將軍公然提出「廢除蘇維埃」的反動口號，並公開發動暴亂，建立反革命軍事獨裁政府。九、十月份，俄國人民掀起了強大的革命浪潮。工人紛紛武裝起來，奪取工廠管理權。農民驅趕地主，奪回土地和農具。特別是武裝工人和革命士兵在布爾什維克黨的領導下，迅速粉碎了科爾尼洛夫策劃的反革命叛亂，表明革命力量已經明顯的超過反革命力量，武裝起義的時機已經成熟。一九一七年十月，列寧從芬蘭秘密回到彼得格勒，布爾什維克黨很快通過了列寧關於武裝起義的決議，並組成了以列寧為首的中央政治局。十一月七日，起義的工人和士兵佔領了車站、橋樑、郵電局和銀行等重要據點，並包圍了臨時政府盤踞的冬宮，彼得格勒武裝起義取得輝煌勝利。

72全俄工兵蘇維埃第二次代表大會通過了哪兩個重要法令？它的主要內容是什麼？

一九一七年十一月七日，彼得格勒武裝起義取得勝利。當天夜裡，全俄工兵蘇維埃第二次代表大會在斯莫爾尼宮召開。大會通過了列寧起草的《告工人、士兵和農民書》，宣告臨時政府已被推翻，全部政權轉歸蘇維埃。大會成立了蘇維埃政府，即人民委員會，列寧當選為主席，世界上第一個無產階級專政的國家誕生了。在這次大會上，還通過了《和平法令》和《土地法令》兩個重要法令，列寧起草的《和平法令》是蘇維埃政權對外政策的第一個法令，其主要內容是：向

十月革命

一切交戰國的人民和政府建議立即停戰，締結不割地、不賠款的和約；廢除沙皇俄國同東方各國簽訂的一切不平等條約；同時號召資本主義國家的覺悟工人，把和平事業以及被剝削勞動群眾擺脫一切奴役和一切剝削的事業有效地進行到底。《土地法令》是蘇維埃政權第一個關於土地問題的立法文件。它是由列寧提議制定的，主要內容是：宣布永遠廢除土地私有制，確立全國土地、礦藏、森林、河流等

無償地收歸國有，沒收地主、皇宮、寺院、教堂的土地，連同耕畜、農具、莊園建築及一切附屬物，由鄉工地委員會和縣蘇維埃分配給無地或少地的農民使用。

73蘇聯人民是怎樣粉碎帝國主義武裝干涉和國內反革命叛亂的？

十月革命的勝利和蘇維埃政權的不斷鞏固，嚇壞了帝國主義列強。他們害怕本國人民以俄國為榜樣，推翻其反動統治，決定對俄國進行武裝干涉，妄圖把蘇維埃政權「扼殺在搖籃之中」。俄國內部的階級敵人也不甘心失敗，力圖顛覆新生的蘇維埃政權，並把復辟的夢想寄託在其他帝國主義的武裝干涉上。這樣，這兩股反革命勢力就聯合在一起，向蘇維埃政權發動了進攻。蘇維埃人民在列寧的領導下，從一九一八年至一九二〇年進行了一場反對帝國主義武裝干涉和平定國內反革命叛亂的戰爭。從一九一八年上半年起，英、法、日、美等十四個帝國主義勾結俄國內部的反革命勢力，採取不宣而戰，向蘇維埃政權發動了大規模的武裝干涉。白匪頭目、沙皇反動將軍高爾察克、鄧尼金等先後在帝國主義的策動和支持下，發動了反革命叛亂。面對國內外階級敵人的猖狂進攻，以列寧為首的布爾什維克黨和蘇維埃政府，把全國的經濟、政治和文化轉入戰時軌道。全國展開星期六義務勞動，實行戰時共產主義政策，保證前線必需品的供應；實行義務兵役制，在紅軍中建立政治委員制，保證了黨對軍隊的領導；進一步加強肅反工作，堅決打擊和鎮壓反革命，重新進行黨員登記，清除混進黨內的階級異己分子，提高了黨的戰鬥力。在農村，把中立中農的政策改變成與中農結成聯盟的政策，從而加強和鞏固工農聯盟。到一九一八年秋，擊潰了北方干涉者和自衛分子向中部地區的進攻。到一九二〇年底，終於粉碎了國內外敵人的聯合進攻，基本結束了國內戰爭。

74 何謂巴黎和會？凡爾賽和約的主要內容是什麼？

一九一八年十一月十一日，德國在法國巴黎附近的康邊森林簽署了投降書，第一次世界大戰宣布結束。一九一九年一月十八日至六月二十八日，英、法、美、義等二十七個戰勝國在法國巴黎西南的凡爾賽宮召開和會。名義上是為了締結對德和約，實際上是帝國主義戰勝國重新分割世界和策劃反對蘇維埃俄國的會議。美、英、法三國完全操縱了這次會議。經過五個多月的激烈爭吵，最後簽訂了《凡爾賽和約》，通過了《國聯盟約》，還秘密擬定了武裝推翻蘇維埃政權，瓜分蘇俄領土的計劃。巴黎和會漠視中國主權和戰勝國的地位，非法決定讓日本繼承戰前德國在中國山東的特權。凡爾賽和約的全稱是《協約和參戰各國對德和約》。其主要內容是：德國將阿爾薩斯和洛林交還法國，薩爾煤礦歸法國所有，薩爾區由國際聯盟代管十五年；德國佔領的殖民地以「委任統治」的形式由英、法、日等國瓜分；德國向美、英、法等國支付巨額賠款；德國承認波蘭和捷克斯洛伐克的獨立。至於軍事問題的處置，協約國一方面限制德國的軍備，以免威脅自己；另一方面又為德國保留了相當兵力，以便鎮壓革命力量。並規定萊茵河以東五十公里為非軍事區，西岸地區由協約國軍隊佔領十五年。因為《凡爾賽和約》是在帝國主義矛盾與犧牲戰敗國和被壓迫民族利益的基礎上訂立的，所以它本身就埋下了第二次世界大戰的禍根。

75 為什麼說華盛頓會議是巴黎和會的繼續？

第一次世界大戰後召開的巴黎和會，只是暫時調解了帝國主義列強在西方的關係，並沒有完全解決它們之間的分贓問題。以美國為首的帝國主義國家，為了對戰後遠東和太平洋地區的殖民地和勢力範圍進行再分配，於一九三七年十一月十二日至一九二二年二月六日在美國首都華盛頓召開會議。參加的有美、英、法、義、日、葡、比、荷、中等九個國家。從表面上看，這次會議是討論限制海軍軍備和遠東及太平洋問題，實際上是美國和日本為爭霸遠東，特別是爭霸中國而進行的鬥爭，也是帝國主義列強爭奪海上霸權的一場鬥爭。華盛頓會議的召開是出於他們暫時聯合起來，共謀鎮壓遠東被壓迫民族革命風暴的需要。經過明爭暗鬥，會議主要簽訂了三個條約：一是共同鎮壓遠東人民，首先是鎮壓中國人民的美、英、法、日的《四國條約》，條約規定四國尊重各國在太平洋島嶼的屬地和領地的權利。二是爭奪海上霸權，按一定比例規定美、英、日、法、意等五國海軍力量的《限制海軍軍備條約》。條約規定五國主力艦比例為五：五：三：一．七五：一．七五。三是帝國主義列強共同掠奪中國的《九國公約》。這些條約總稱為「華盛頓體系」。在這次會議上獲得好處最大的是美國，它的海軍實力得以提高到與英國相同的比例。可見，華盛頓會議就其實質來說，是巴黎和會的繼續，它確定了戰後帝國主義在遠東和太平洋地區的統治秩序。

76列寧是在什麼情況下提出實行新經濟政策的？這一政策的主要內容和歷史意義是什麼？

一九一八年至一九二〇年，蘇維埃政權在反對帝國主義武裝干涉和國內反革命叛亂時期，為把一切工作納入戰爭軌道，實行了戰時共產主義政策與餘糧收集制。在當時，它保障了軍民糧食和其他生活必需品的供應，對粉碎外國武裝干涉者和白匪軍起了積極作用。戰時共產主義政策是為戰爭環境所迫而採取的一種政治上、經濟上的非常措施和鬥爭手段。而當戰爭結束進入了和平建設時期，這種政策就不適應形勢的需要了。因

列寧

為它嚴重損害了人民、特別是農民的利益，影響到工農聯盟的鞏固和發展。在這種情況下，一九三七年三月召開的俄共（布）第十次代表大會，根據列寧的建議，通過了廢止戰時共產主義政策，實行新經濟政策的決議。新經濟政策的主要內容是：用固定的糧食稅代替餘糧收集制。農民納稅後剩下的糧食由他們自由支配，從而提高了農民發展生產的積極性。新經濟政策還允許恢復私人和合作社的小型工業，重視和利用國家資本主義的作用，提出了租讓制、租賃制、合作制、代購代銷等國家資本主義形式，允許一定的自由貿易，發展城鄉之間的經濟聯繫。新經濟政策不僅是醫治戰爭創傷、解決暫時經濟困難的措施，而且是在無產階級專政國家掌握經濟命脈的條件下，通過迂迴的方法，逐步戰勝資本主義成分，建立社會主義經濟基礎的政策。這項政策的實施，使俄國經濟得到迅速恢復和發展，人民生活得到明顯改善。

77 蘇聯一名是怎樣來的？

「蘇聯」是蘇維埃社會主義共和國聯盟的簡稱。

十月革命勝利後，俄國各族人民在列寧和布爾什維克黨的領導下，粉碎了國內外反革命的進攻，鞏固了新生的蘇維埃政權。為了把各族人民的力量團結起來，加速國民經濟建設，組織堅固的國防，對付資本主義的包圍和新的侵略威脅，有必要把十月革命後誕生的各個蘇維埃共和國，聯合成為一個統一的社會主義國家。在俄共（布）中央的領導下，一九二二年十二月，在莫斯科召開了全國蘇維埃第一次代表大會。大會根據列寧的提議，討論了史達林關於成立蘇維埃社會主義共和國聯盟的報告，批准了成立宣言和聯盟條約，選出了蘇聯中央執行委員會，宣布蘇聯成立。當時，蘇聯由俄羅斯、烏克蘭、白俄羅斯和外高加索聯邦（包括阿塞拜疆、亞美尼亞和格魯吉亞）四個蘇維埃共和國組成。隨後逐步擴大至十五個加盟共和國。

78蘇聯社會主義工業化的成就是什麼？

一九二五年十二月，在聯共（布）第十四次代表大會上，批判了以季諾維也夫和加米涅夫為首的「新反對派」反對社會主義工業化的錯誤主張，制定了實行社會主義工業化的路線和方針。從一九二八年開始實行的第一個五年計劃，到一九三二年，以四年零三個月的時間提前勝利完成，從一九三三年起實行第二個五年計劃，到一九三七年四月，也是以四年零三個月的時間提前完成。蘇聯已成為一個巨大的工業國家，蘇聯社會主義工業化，取得了很大成就。十月革命勝利時，大工業產值只佔第一次世界大戰前產值的百分之十四。在蘇聯實行社會主義工業化的過程中，由於聯共（布）黨和史達林的正確領導，充分發揮了社會主義制度的優越性，廣大群眾積極參加社會主義建設，工業生產發展迅速。一九三八年與一九一三年相比，蘇聯工業產值增長百分之九百零八%，而美國在同一時期只增長百分之一百二十，英國增長百分之一百一十三．三。即美國在這段時間內平均每年生產總值增加百分之〇．八，而蘇聯則是百分之三十五．五。一九二九年和一九三九年，資本主義各國爆發了兩次大規模經濟危機，生產大幅度下降，而蘇聯的工業生產仍然穩步持續向前發展。一九三七年「二五」計劃完成時，蘇聯工業的總產值已趕上英、法、德三國，躍居歐洲第一位，世界第二位，僅次於美國。蘇聯實行社會主義工業化的結果，使社會主義成分在國民經濟中的比重發生了根本變化，也使工農業和輕重工業在國民經濟中的比例關係發生了深刻變化。

79 義大利法西斯是怎樣上臺的？

義大利雖然屬於第一次世界大戰的戰勝國，但戰爭嚴重損傷了它的元氣，激化了國內階級矛盾，引起了巨大的罷工運動。一九一九年罷工人數達一百五十萬，一九二〇年猛增到二百二十萬。戰後強大的罷工運動，沉重地打擊著義大利資產階級的統治。轟轟烈烈的群眾革命運動，把壟斷資產階級嚇

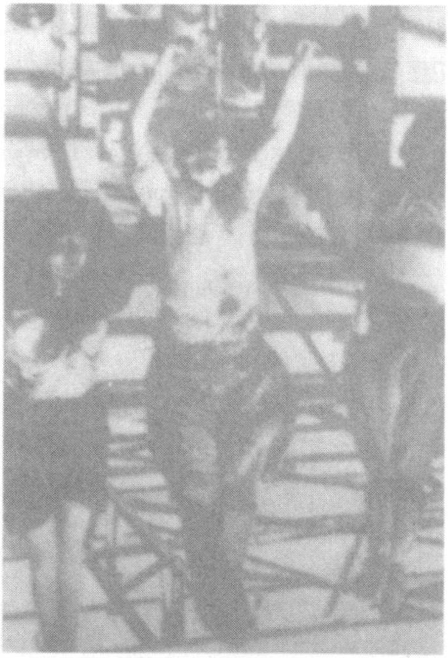

墨索里尼的下場

得魂不附體。為維護自己的反動統治和利益，他們千方百計尋求更為反動的統治方式。在這種歷史背景下，義大利的政治冒險家墨索里尼，在壟斷資產階級大力扶植下，於一九一九年三月組織了第一批法西斯武裝戰鬥隊，在此基礎上，一九三七年十一月成立法西斯政府（「法西斯」一詞來自拉丁文 Fasces，原指一捆棍棒中插著一根木頭，是暴力與強權的象徵），代表壟斷資本集團的利益。一九二二年八月，為反對法西斯暴行舉行的全國總罷工失敗後，同年十月，墨索里尼糾集四萬名武裝法西斯分子「向羅馬進軍」。因這次進軍是在資產階級的同情和國家機構各部門的支持下進行的，所以沒遭到軍隊和警察的任何抵抗就進入了羅馬。義大利國王維克多·厄曼努尼爾三世在大資產階級和地主的要求下，任命墨索里尼為首相，極端反動的法西斯專政就這樣在義大利建立起來了。義大利法西斯上臺後，宣布其他政黨為非法，摒棄從前義大利議會制民主的表面形式，實行赤裸裸的獨裁統治，成立法西斯主義反動的「總體國家」。對外竭力推行侵略擴張政策，對內宣揚沙文主義和種族主義反動思想。一九三六年武裝干涉西班牙內戰，一九三九年夥同希特勒發動第二次世界大戰，一九四五年四月，義大利法西斯被消滅。

80 何謂道威斯計劃？它的後果如何？

第一次世界大戰結束後，協約國於一九二四年八月在英國倫敦舉行會議，通過了由美國銀行家壟斷資本代表道威斯提出的關於德國賠款問題的報告，故稱為「道威斯計劃」。這個計劃規定：德國對協約國的賠款，由第一年付十億金馬克開始，逐年增加，到第五年增至年付二十五億金馬克，以後視德國經濟發展情況而定。德國以主要財政收入作為賠款的擔保，並在協約國主要是英、美的監督下成立紙幣發行銀行，預借兩億美元的外債，以穩定幣制、復甦經濟。這些巨款賠償重擔落在了德國勞動人民身上，他們受到本國及外國資產階級的雙重剝削。道威斯計劃的罪惡之一，是妄圖把德國變成國際帝國主義和反動派對付蘇聯的主要打擊力量。但這個反革命企圖沒有得逞，道威斯計劃的實行，為外國資本，主要是美國資本大批流入德國掃清了道路。德國依靠外國的巨額借款和投資，並通過加強對本國勞動人民的剝削，使它的工業設備得到更新，提高了企業的生產能力，出現了經濟上的飛躍發展。一九二七年，工業生產就恢復到戰前水平。一九二九年，再次超過了英國和法國。美國等壟斷資本集團靠對德國壟斷從中牟利，德國的經濟也因此迅速恢復和發展。

81羅斯福「新政」的主要內容有哪些？目的何在？

所謂羅斯福「新政」，即羅斯福為幫助美國壟斷資產階級擺脫嚴重經濟危機而提出的一種政策。從一九二九年至一九三三年，美國爆發了史無前例的嚴重經濟危機。在一九三三年的總統選

羅斯福

舉中，出身於百萬富翁家族的資產階級自由派代表、民主黨候選人、紐約州長弗蘭克林・羅斯福提出所謂「新政」，為美國資產階級擺脫經濟危機出謀獻策，因而當選為總統。羅斯福上臺後的一百天中，發布了一系列新政措施，稱之為「百日新政」。「新政」的主要內容是：由政府貸款給大銀行和大企業，排擠小銀行和小企業；由政府增加紙幣發行量，實行通貨膨脹，以刺激工業和貿易；建立全國工業復興局，以監督生產並調整商業和金融；政府通過社會救濟條例，徵集失業工人，利用廉價勞動力，進行大規模國家工程建設；縮減農業生產，提高農產品價格等等。不難看出，「新政」的目的在於擴大美國聯邦政府的權力，加強國家壟斷資本主義，力圖用國家全面干預經濟生活的辦法，幫助壟斷資產階級擺脫經濟危機，維護生產的資本主義私有制。

82希特勒是怎樣上臺的？為什麼說德國法西斯上臺就意味著戰爭？

德國在第一次世界大戰後擔負著巨額賠款並借了大量外債，一九二九年至一九三三年的經濟危機，又使德國遭到沉重打擊，使國內階級矛盾異常尖銳起來。德國壟斷資產階級為挽救自己的統治，決定實行國家法西斯化。希特勒這個法西斯組織納粹黨的頭目，受到壟斷資產階級的青睞，被推上了政治舞臺，因為希特勒在《我的奮鬥》一書中宣揚的沙文主義、復仇主義和種族主義謬論，表達了德國壟斷資產階級對內擺脫危機、鞏固統治，對外進行侵略擴張的要求。一九三三年一月三十日，德國總統興登堡，秉承壟斷資本家的旨意，任命希特勒為內閣總理。一九三四年八月，興登堡死後，希特勒又自稱「元首」，在德國建立了公開的法西斯專政。希特勒上臺後，立即實行白色恐怖，製造「國會縱火案」，瘋狂鎮壓革命運動，逮捕共產黨員和進步人士，解散一切政黨和工會。同時在「大炮代替黃油」的口號下，瘋狂進行擴軍備戰活動，將一切企業都轉向軍事軌道，企圖使其變成法西斯軍營，一九三三年十月，德國以要求「軍備平等」沒有得到同意為藉口，宣布退出日內瓦國際裁軍會議，五天後又退出國際聯盟。一九三五年恢復普遍義務兵役制，把軍隊由「凡爾賽和約」限定

希特勒

的十萬人擴充到五十萬人，並且宣布廢除「凡爾賽和約」。一九三六年三月，又派兵武裝佔領了萊茵非軍事區。希特勒還在全國推行法西斯軍國主義教育，鼓吹德國的「生存空間不夠」，要「用劍刃來贏得土地」，為征服歐洲，進而稱霸世界，發動新的世界戰爭製造輿論。希特勒實行的這一切對內對外政策，都是為在歐洲建立一個日耳曼民族的「大德意志帝國」服務的。因此，最反動、最富有侵略性的法西斯頭目希特勒的上臺，是歐洲戰爭策源地形成的標誌。

83 何謂「國會縱火案」？

國會縱火案，是一九三三年希特勒上臺後，為鎮壓德國共產黨和破壞國際共產主義運動而製造的一起有計劃有預謀的反革命事件。一九三三年一月，法西斯黨魁希特勒當上德國內閣總理後，立即實行白色恐怖的法西斯專政，瘋狂鎮壓人民革命運動。同年二月二十七日，希特勒的得

國會縱火案

力幹將、國會議長兼內政部長戈林，派人縱火焚燒了柏林的德國國會大廈，卻嫁禍於共產黨人。以此為藉口，法西斯當局隨之出動大批軍警，在德國各地大肆搜捕共產黨人和革命者，他們先後逮捕了德共中央主席臺爾曼和當時在德國的保加利亞共產黨領袖、共產國際執行委員會委員季米特洛夫等人，並宣布德國共產黨為非法組織。當年九月至十二月，在萊比錫法庭對「國會縱火案」進行審理。希特勒分子企圖用法律程序迫使無辜受害者就犯，屈服在他們的淫威之下，以便進一步在國內煽起反對共產主義的狂熱。季米特洛夫在法庭上不畏強暴的言行，受到一切正直人士的同情和支持，在世界輿論的壓力下，當年十二月，德國萊比錫最高法院被迫宣布季米特洛夫無罪，宣告了陰謀破產。

84何謂「國際縱隊」？它在西班牙內戰中發揮了什麼作用？

「國際縱隊」，是一九三六年至一九三九年西班牙內戰期間，隨十四國的共產黨員和進步人士為協助西班牙共和政府和人民，反擊德、義法西斯干涉軍和西班牙叛軍而組織的志願軍。一九三六年二月，由西班牙共產黨和社會黨等組成的西班牙人民陣線在議會中獲勝，組成西班牙共和政府。西班牙的地主和資產階級對此十分仇視。在德、義法西斯的策劃和直接指揮下，同年七月，以佛朗哥為首的西班牙反革命勢力發動了反對共和政府的武裝叛亂，從此西班牙內戰開始。

在西班牙內戰期間，史達林領導的社會主義蘇聯和世界各國人民對西班牙人民的正義鬥爭，在政治上、道義上和人力物力上給予了巨大支持。一九三六年八月，在西班牙的一些外國人倡議組成國家縱隊。來自法、德、奧、美、英、匈、中等五十四個國家的四萬名志願軍，於一九三六年十月組成了舉世聞名的國際縱隊，與西班牙人民並肩戰鬥。由於德、義法西斯大規模的武裝干涉，英、法、美等國採取不干涉態度，西班牙共和政府在盡了最大努力後，終因寡不敵眾被顛覆，一九三九年十二月，國際縱隊被迫撤離西班牙。

85第二次世界大戰前夕，英、法、美實行「綏靖」政策有哪些主要表現？其後果和歷史教訓是什麼？

第二次世界大戰爆發前夕，在德、義、日法西斯不斷加速侵略擴張的情況下，英、法、美等帝國主義國家卻採取了妥協退讓，犧牲別國，保存自己的「綏靖」政策。其目的是想借用法西斯力量，鎮壓各國革命，並把禍水東引，縱容和唆使德、義法西斯攻打社會主義蘇聯，以便在兩敗俱傷之中，自己坐收漁翁之利，趁機稱霸世界。它們實行的「綏靖」政策，主要表現在以下歷史事件上：（一）一九三一年日本發動「九・一八」事變，侵佔中國東北，國聯根據派出的李頓調查團的報告，雖然宣告日本佔領「滿洲」是非法的，但卻沒有採取任何措施，實際上是聽任日本擴大對中國的侵略。（二）一九三五年十月，義大利法西斯侵略衣索比亞，國聯雖然對義大利實行經濟制裁，卻不把石油管制等戰略物資列入禁運範圍。（三）一九三五年到一九三六年，德國法西斯先是撕毀凡爾賽和約，實行普遍義務兵役制，繼而進兵萊茵不設防區。（四）一九三六年八月，德意志法西斯聯合武裝干涉西班牙，英法等國對此嚴重挑釁縱容法西斯。（五）一九三八年三月，德國法西斯吞併奧地利後，繼續擴張，一九三八年九月二十九日，英法美德簽訂「慕尼黑協議」，把捷克斯洛伐克的蘇臺德區割讓給德國。

英、法、美「綏靖」政策，大大助長了德、義、日法西斯的侵略氣焰。德國在合併了捷克斯洛伐克以後，又很快進攻波蘭，導致第二次世界大戰爆發。「綏靖」政策是一面歷史鏡子，它教育人們：對帝國主義的挑釁和侵略行徑，絕不能妥協讓步。

86《蘇德互不侵犯條約》是在什麼背景下簽訂的？主要內容是什麼？

在英、法等帝國主義的縱容下，德國法西斯在吞併了整個捷克斯洛伐克之後，接著又奪取立陶宛的克來級達港，迫使羅馬尼亞、匈牙利從屬於它。一九三九年四月，義大利法西斯又武裝侵佔了阿爾巴尼亞。至此，德義法西斯的勢力擴展到半個歐洲。英法帝國主義面對德義法西斯勢力的急劇擴大，又迫於本國人民和世界人民的輿論壓力，不得不表示回應蘇聯關於建立反法西斯統

史達林

一戰線的呼籲，於一九三九年四月開始與蘇聯進行談判。與此同時，英國又在極端秘密的情況下同德國進行勾結，繼續慫恿德國揮戈東進，入侵蘇聯。由於英法在同蘇聯談判中缺乏誠意，進行了四個多月後終於破裂。德國法西斯從英法奉行的「綏靖」政策中，窺視到西方列強對戰爭毫無準備。同時估計到蘇聯力量強大，決定先從英法開刀，發動重新瓜分世界的全面戰爭。為了避免東、西兩線同時作戰，腹背受敵，於是在一九三八年八月，德國首先向蘇聯提出了簽訂互不侵犯條約的建議。以史達林為首的蘇聯政府，認真分析了當時的國際形勢和帝國主義國家之間的矛盾，在與英法談判破裂後，為了打破美、英、法企圖將禍水東引，實現自己「坐山觀虎鬥」的陰謀，同時為拖延蘇德戰爭的爆發，以便贏得時間做好戰爭準備，遂於一九三九年八月二十三日在莫斯科同德國簽訂了《蘇德互不侵犯條約》，並立即生效。這一條約的主要內容是：締約雙方互不使用武力，不參加直接或間接反對他方的國家集團；在一方遭到第三國進攻時，另一方不給該第三國以任何支援；以和平方法解決締約國間的一切爭端。條約的有效期為十年。但是，德國於一九四一年六月二十二日，發動了侵蘇戰爭，撕毀了這個條約。

87第二次世界大戰是怎樣爆發的？如何認識這次戰爭的性質？

第二次世界大戰和第一次世界大戰一樣，是資本主義世界固有的矛盾，帝國主義國家爭奪殖民地和各國的利害衝突發展的結果。由於資本主義經濟政治發展不平衡規律作用，在第一次世界大戰後，帝國主義列強的實力發生了新的變化。德國在美、英壟斷資本的扶植下，工業生產量超過了英、法，可是原有的殖民地卻全部丟掉了，義大利和日本認為自己戰後分到的殖民地和勢力範圍太少了，他們都急於發動重新分割世界的帝國主義戰爭。英、法帝國主義戰後分得的贓物最多，當然不會放棄自己的既得利益，美帝國主義發了戰爭財，它憑藉經濟實力充當世界的霸主。一九二九年至一九三三年的世界性經濟危機，進一步加強了帝國主義之間的矛盾和競爭。在帝國主義國家既互相爭奪又互相勾結的過程中，漸漸形成了英、美、法和德、義、日兩大對立集團。一九三九年四月，希特勒下達「永遠消滅波蘭」的命令，隨之在德、波邊界集結一百五十萬大軍。九月一日清晨，德國

第二次世界大戰

法西斯製造藉口向波蘭發起「閃電式」襲擊。同波蘭締結有同盟條約的英、法政府，被迫於九月三日相繼對德宣戰，第二次世界大戰從此爆發。

如何認識這場戰爭的性質？戰質的性質是根據戰爭的政治目的而定的，從一九三九年到一九四一年主要矛盾是兩個帝國主義集團為爭奪世界霸權而戰。從一九四一年到結束，是反法西斯與民族解放戰爭性質。因此，第二次世界大戰的性質經歷了由帝國主義戰爭到世界人民反法西斯的正義戰爭的轉變。

88 第二次世界大戰初期為什麼出現了「奇怪的戰爭」？法國是怎樣潰敗的？

第二次世界大戰爆發後，英、法政府推行縱容侵略的「綏靖」政策。一九三九年九月三日，英法兩國雖然對德宣戰，但他們未派一兵一卒和一架飛機去援助盟國波蘭，相反以犧牲波蘭來換取希特勒進攻社會主義蘇聯。從當時看，德國主力集結在東線進攻波蘭，在西線的兵力明顯薄弱。但英、法沒有抓住戰機發動進攻，反而按兵不動，一百一十個師的兵力躲在

希特勒

水泥工事背後，坐視德國侵佔波蘭。從一九三九年九月至一九四〇年四月的半年多時間裡，西線戰場上沒有發生過一次真正的戰鬥。至一九三九年底，法軍損失僅一千四百餘人，英國只有三人，出現了所謂「西線無戰事」的局面，史稱「奇怪的戰爭」。希特勒利用「奇怪的戰爭」的時機，進一步揮戈西進。一九四〇年四月至五月，侵佔了丹麥、挪威、比利時、荷蘭、盧森堡，五月十四日突破了法軍色當防線，義大利於六月十日對法宣戰。法國當局放棄了巴黎。六月十四日法軍投降，法蘭西第三共和國覆滅。這是其反共反人民「綏靖」政策的必然結果。

89 蘇聯衛國戰爭是怎樣開始的？莫斯科戰役勝利的意義是什麼？

一九四一年六月二十二日清晨，希特勒德國撕毀了《蘇德互不侵犯條約》，向蘇聯發動了全面進攻。希特勒調集一百幾十個師、三千七百多輛坦克、五千架飛機，共五百五十萬兵力，按照一九四〇年七月擬訂的進攻蘇聯的所謂「巴巴羅薩計劃」，即使用「閃電戰」和突然襲擊的方式，企圖在三個月內消滅蘇聯，進而征服全世界，蘇聯人民在以史達林為首的聯共（布）中央和政府的領導下，奮起自衛，開始了衛國戰爭。經過三個月的戰鬥，蘇聯紅軍就大敗德國法西斯，德軍被迫放棄全線進攻計劃，集中兵力進攻莫斯科。一九四一年底至一九四二年一月，遵照史達林的命令，蘇軍在八百多公里長的戰線上展開反攻，把德軍趕到莫斯科以西一百五十～三百公里的地方，初步扭轉了被動局面。這是蘇聯衛國戰爭第一年中最大的勝利，是德軍在第二次世界大戰中的第一次失敗。莫斯科保衛戰的勝利，宣告了希特勒「閃電戰」的破產，打破了德國法西斯軍隊戰無不勝的神話，粉碎了希特勒既定的軍事進攻計劃，更加堅定了蘇聯人民取得全勝的信心，鼓舞了全世界人民反法西斯鬥爭的勇氣。

90世界反法西斯聯盟是怎樣形成的？

一九四一年六月蘇德戰爭爆發後，蘇聯就致力於組織反法西斯國際統一戰線，英、美統治階級迫於國內和世界反法西斯鬥爭的壓力，同時由於法西斯的侵略直接威脅著他們自身的安全和壟斷資本的利益，在蘇德戰爭爆發的當天和次日，英國首相丘吉爾和美國總統羅斯福分別發表聲明，譴責希特勒德國背信棄義的行為，表示同情蘇聯人民的抵抗德國法西斯的鬥爭。在這種情況下，聯共（布）黨和蘇聯政府正確應用列寧主義的鬥爭策略，利用帝國主義國家之間的矛盾，竭力促成建立世界反法西斯聯盟，一九四一年七月十二日，蘇聯與英國簽訂了《蘇英關於在對德戰爭中共同行動之協定》。八月十四日，羅斯福和丘吉爾在大西洋一艘軍艦上會晤並發表共同宣言，即所謂「大西洋宣言」，宣布願意援助一切反法西斯國家的人民，大小國家平等合作，並提出在莫斯科召開蘇、英、美會議等。九月二十九日至十月一日，蘇、美、英三國簽訂了在反法西斯戰爭中採取聯合行動的協定書。至此，國際反法西斯聯盟初步形成。一九四一年十二月太平洋戰爭的爆發，更加激起了世界人民對德、義、日法西斯的仇恨。一九四二年一月一日，中、蘇、美、英等二十六國在華盛頓簽署了共同反對德、義、日法西斯的《聯合國家的共同宣言》，標誌著世界反法西斯聯盟正式成立，而英、美於一九四二年在歐洲開闢第二戰場的協定，以及《蘇美互助條約》的締結，標誌著反法西斯統一戰線的最終形成。

91第二次世界大戰後期舉行了哪些國際會議？發表了哪些重要宣言？

第二次世界大戰後期，舉行了四次重要國際會議：（一）開羅會議：中、英、美三國首腦於一九四三年十一月二十二日至二十六日，在埃及首都開羅舉行會議，商討了聯合對日作戰計劃和擊敗日軍後如何處置日軍等問題。會後在十二月一日發表了「開羅宣言」。明確規定：剝奪日軍自第一次世界大戰開始後在太平洋奪得或佔領的一切島嶼；把日本侵佔中國的領土如東北、臺灣和澎湖列島歸還中

丘吉爾、羅斯福、史達林出席雅爾達會議（一九四五年二月）

蔣介石、羅斯福、丘吉爾出席開羅會議（一九四三年十一月）

國。（二）德黑蘭會議：蘇、美、英三國首腦於一九四三年十一月二十八日至十二月一日，在伊朗首都德黑蘭召開。會上討論了對法作戰中的一致行動及戰後和平等問題。締結了《德黑蘭協定》，規定了英、美等盟國於一九四四年五月發動諾曼地登陸戰役，在歐洲開闢第二戰場。（三）雅爾達會議（也叫克里米亞會議）：英、美、蘇三國首腦於一九四五年二月四日至十一日，在蘇聯克里米亞半島的雅爾達舉行，會上討論了關於徹底擊敗德國，鏟除德國軍國主義和納粹主義，分區佔領德國和柏林，以及蘇聯對日作戰和戰後建立聯合國等問題。

（四）波茨坦會議（也稱「柏林會議」）：蘇、美、英三國首腦於一九四五年七月十七日至八月二日，在德國首都柏林西南附近的波茨坦舉行。會上簽訂了《柏林（波茨坦）會議議定書》，發表了《柏林會議公報》，統稱《波茨坦協定》。

92為什麼說史達林格勒保衛戰是第二次世界大戰的轉捩點？

在莫斯科保衛戰和一九四二年初的冬季攻勢勝利之後，蘇聯人民從一九四二年夏到一九四三年春又進行了震撼世界的史達林格勒保衛戰，取得了勝利。德軍在莫斯科城郊失敗後，希特勒利用英、美等國等待觀望、遲遲沒有開闢第二戰場的機會，於一九四二年夏、秋集結了蘇軍慶祝史達林格勒保衛戰勝利兩百四十個師的兵力，向蘇聯戰場南線的史達林格勒方向發動新的進攻。德軍妄圖迅速攻下史達林格勒，切斷伏爾加河及奪取巴庫油田，爾後從東南方向包抄莫斯科，南出波斯灣，並會同日本法西斯從中國東北出兵進攻西伯利亞，打通德日聯繫，使日本也能集中兵力西進、南進，形成互相策應之勢，合力對付英、美。因此，蘇軍在史達林格勒戰中的勝負，無論在政治上

蘇軍慶祝斯大林勒保衛戰勝利

或軍事上，對蘇聯和全世界人民的命運都至關重要。以史達林為首的蘇軍統帥部，識破了敵人的戰略目的，從一九四二年六月至十一月，經過五個月的戰鬥，德軍損失數十萬，既沒有佔領高加索油田，也沒有攻下史達林格勒，陷於進退兩難的境地。一九四二年十一月十九日，蘇聯紅軍從西北面和南面把進攻史達林格勒的德軍包圍起來，構成「鐵鍬攻勢」。到一九四三年二月二日，歷時六個月的史達林格勒保衛戰以蘇聯紅軍的徹底勝利而結束。史達林格勒戰役的勝利，致命地打擊了德軍，迫使其轉入戰略防禦，加速了德國法西斯的滅亡。因此，它不但是蘇德戰爭的轉折點，而且是這次世界反法西斯戰爭的轉捩點，使整個第二次世界大戰的局勢發生了根本性的變化。

93 第二次世界大戰中的第二戰場是怎樣開闢的？

第二戰場指的是第二次世界大戰期間的西歐戰場。二次大戰爆發後，由於德國法西斯吞併了歐洲大片領土，日本在遠東和太平洋地區加緊和美國爭奪獵物，義大利在地中海和東非橫行霸道，德、義、日同英、美爭霸世界的矛盾和鬥爭日益尖銳起來。基於這種形勢，英美政府從其帝國主義利益出發，表示支持蘇聯的反法西斯戰爭。蘇德戰爭爆發的當天，英國首相丘吉爾發表聲明，表示英國將站在蘇聯一邊。次日，美國總統羅斯福宣布盡可能援助蘇聯。為聯合更多的國家參加反法西斯戰爭，以便儘快打敗法西斯，早在一九四一年七月「蘇英關於對德戰爭中共同行動之協定」簽訂後不久，蘇聯政府就致函英國政府，提出由英國「在西方（法國北部）和北方（北極地帶）開闢反對希特勒的戰場」。太平洋戰爭爆發後，蘇聯政府為爭取早日擊敗法西斯德國，一九四二年五月和六月，派外交人民委員莫洛托夫訪問了英國和美國，分別簽訂了蘇英同盟條約和蘇美互助協定。同年六月十一日，蘇、美、英三國代表在華盛頓發表的關於莫洛托夫訪問的公報，一致聲明「對於一九四二年在歐洲開闢第二戰場的迫切任務已商得完全同意」。但事實表明，英、美政府從一開始就不準備履行自己的諾言。一九四三年十一月二十八日，蘇、美、英三國首腦在伊朗的德黑蘭舉行第一次會晤。經過鬥爭，會議最後確定英美軍隊應於一九四四年五月在西歐開闢第二戰場。一九四四年六月六日英美派兵從法國北部的諾曼地登陸。八月又從法國南部登陸，終於開闢了第二戰場。

94 德、意、日法西斯是如何投降的？

一九四三年，第二次世界大戰的形勢發生了顯著變化。到這一年底，蘇聯被德軍佔領的三分之二國土得到解放。一九四三年五月，英美聯軍勝利結束北非戰場後，又於當年七月在西西里登陸。七月二十五日，義大利發生政變，墨索里尼法西斯政府垮臺，九月三日義大利簽署了停戰協

諾曼地登陸

定，這標誌著法西斯侵略集團開始瓦解，德國法西斯在史達林格勒潰敗後，又於一九四三年六月發動「夏季攻勢」，蘇軍兩次粉碎了德軍進攻，迫使德軍節節敗退。到一九四四年，蘇聯紅軍把德軍全部驅逐出境，並乘勝追擊。被德國佔領的羅馬尼亞、保加利亞、匈牙利等國的人民在共產黨的領導下，紛紛舉行反法西斯武裝起義，為最終戰勝德國法西斯奠定了基礎。一九四四年六月，英美盟軍在法國北部諾曼地登陸，並向德國境內推進，歐洲第二戰場的開闢，使德軍陷入東、西夾擊之中。一九四五年初，蘇聯紅軍從東面，英、美、法從西面攻入德國境內。五月九日凌晨，德軍最高統帥和代表，前希特勒參謀總長凱爾特在柏林簽訂無條件投降書，德意志第三帝國徹底覆滅。德國法西斯被擊敗之後，歐洲反法西斯戰場勝利結束。在東線戰場上，日本法西斯還在垂死掙扎。七月下旬，中、美、英三國發表波茨坦公告，敦促日軍無條件投降，被日軍拒絕。八月六日，美國在日本廣島扔下第一顆原子彈。八月八日，蘇聯對日宣戰，配合了中國人民的反攻。八月十四日，日本帝國主義由裕仁天皇發表無條件投降書。九月二日，日軍代表在美軍戰艦密蘇里號上簽署了無條件投降書。第二次世界大戰以德、義、日法西斯的徹底失敗、全世界人民的偉大勝利而宣告結束。

日本無條件投降

95聯合國是怎樣建立起來的？它在發展過程中經歷了哪些重大變化？

聯合國是第二次世界大戰後建立的國際組織。一九四三年十月三十日，當時反法西斯同盟國蘇、美、英、中四國在莫斯科簽訂《普遍安全宣言》，提出「建立一個普遍性的國際組織」的主張。

一九四四年八月，蘇、美、英、中四國在美國擬定了聯合國的宗旨原則和組織機構原則。一九四五年六月二十五日，五十個國家在美國舊金山召開的聯合國憲章制憲會議上，簽訂了《聯合國憲章》。同年十月二十四日，聯合國憲章開始生效。聯合國正式成立。參加憲章簽字的五十一個國家（波蘭於一九四五年十月十五日在憲章上補行簽字）為聯合國創始會員國。聯合國總部設在紐約，在日內瓦設有歐洲辦事處。聯合國的主要機構有六個，即聯合國大會、安全理事會、經濟及社會理事會、託管理事會、國際法院和秘書處。其實，聯合國是世界各種力量與利益的彙集點，各個集團以及各個國家都有各自的利益需要維護，必然對國際問題的立場、政策和態度不一致，因而在聯合國便產生了矛盾和複雜而又激烈的鬥爭。在五〇年代，美帝國主義操縱聯合國，六〇年代，美、蘇兩個超級大國又勾結又爭奪，利用聯合國推行強權政治和霸權主義。七〇年代，第三世界國家在聯合國已達一百二十多個，成為一支舉足輕重的力量，也由於這股力量使得這個國際組織內的力量對比發生了深刻變化，超級大國在聯合國為所欲為的時代已然結束。

聯合國

96何謂華沙條約組織？

一九五五年五月十四日，蘇聯、保加利亞、捷克斯洛伐克、德意志民主共和國、匈牙利、羅馬尼亞、波蘭和阿爾巴尼亞在華沙舉行會議，簽訂八國友好互助條約，通稱「華沙條約」，有效期為二十年。條約中稱，締約國將致力於「國際和平和安全」，並以「和平方法解決國際爭端」，規定建立武裝部隊聯合司令部和政治協商委員會等組織機構。同年六月四日條約生效時，八國正式成立了華沙條約組織，建立了華沙條約組織武裝部隊。常議機構在莫斯科。長期以來，蘇聯控制著華沙條約組織，武裝部隊聯合司令部總司令和總參謀長一直由蘇聯將軍擔任。華沙條約組織在建立之初，是為了與北大西洋公約組織相抗衡。自從蘇聯走上霸權主義道路後，華沙條約組織的性質隨之發生了根本變化，使其逐步成為蘇聯同美帝爭奪歐洲，爭霸世界的工具。

97 歐洲經濟共同體是個什麼樣的組織？

歐洲經濟共同體，又稱「歐洲共同市場」或「西歐共同市場」。它是西歐一些主要資本主義國家為抵制超級大國的控制和威脅，謀求自身經濟政治獨立發展而共同組成的一個政治和經濟集團。一九五三年剛建立時，名字叫「歐洲煤鋼聯營」，有法國、德國、義大利、荷蘭、比利時和盧森堡等六國參加。一九五七年八月，這六國在義大利首都羅馬簽訂《歐洲經濟共同體條約》，即《羅馬條約》，一九五八年一月一日正式宣布成立歐洲經濟共同體。其成員國在經濟一體化方面採取了三項主要措施：第一，建立關稅同盟，對內逐步取消關稅和進口限額，對外實行統一關稅。第二，實行共同的農業政策，其中主要包括取消農產品關稅，統一農產品價格和設立共同的農業資金。第三，建立經濟和貨幣同盟，並逐步發展到設有共同儲備基金，發行統一貨幣，同時制定共同的財政政策，形成一個貨物、勞動力和資金自由流通的經濟共同體。一九七二年十月，參加國首腦在法國舉行會議後發表聲明，提出在一九八〇年以前，將共同體建成一個政治性的歐洲聯盟。

杜魯門

98 一九六二年古巴導彈危機是怎麼回事？

一九六二年古巴導彈危機，亦稱加勒比海危機。它是美蘇兩個超級大國為爭霸加勒比海地區而進行的一次核武器賭博，先是蘇聯以「保衛古巴」為藉口，將其導彈運至古巴。對此，美國反應強烈，它不容許蘇聯在自己家門口部署進攻性武器，便以對其安全造成威脅為名，於一九六二年十月二十二日，由美國總統甘乃迪發表聲明，宣布對古巴實行武裝封鎖，並要求在聯合國觀察員的監視下，迅速卸除和撤退在古巴的進攻性武器，次日，甘乃迪又宣布從二十四日起，美國將用武力阻截可能開往古巴的艦船，並聲稱這些艦船要聽從美國人的檢查。與此同時，美國軍方先後派出一百八十三艘軍艦，把古巴海面封鎖起來。在美帝國主義的威脅恫嚇面前，蘇聯開始退縮，將其在古巴的船隻全部撤回。蘇聯從古巴運走了四十二枚導彈，還在公海上接受美國軍艦

「船靠船」的檢查。此後，甘乃迪宣布，由於蘇聯允諾把「伊系——二十八」型轟炸機從古巴全部撤走，美國將不再對古巴海面實行封鎖。

99為什麼說世界經濟的重心正向亞洲太平洋地區轉移？

從世界歷史上看，過去的兩百多年間，在技術和經濟方面佔優勢的，是歐洲、北美和美國西部的大西洋地區。進入二十世紀八〇年代後，國際上的一些經濟學家從世界經濟的發展動向中，提出了「二十一世紀將是亞洲、太平洋世紀」或「太平洋地區將成為新的世界經濟中心」，而「歐洲中心主義」將告結束的看法。其原因有：（一）在歷史上曾處於比較落後的亞洲太平洋地區，在二戰後的幾十年間，出現了迅速發展的情勢和發生了巨大的變化。（二）亞太地區存在進一步發展的巨大潛力，為發展成新的經濟中心提供了理想條件。人口眾多，市場廣闊，有充足和廉價的勞動力；海洋和陸地面積分別佔世界的二分之一和三分之一，自然資源十分豐富。（三）與「歐洲的衰落」和減弱的發展勢頭相比，亞太地區正在崛起，蒸蒸日上。從歷史上看，歐洲曾長期被視為世界經濟，政治中心。在二戰後的二十年中，經濟上亦處於「繁榮」狀態。但從七〇年代起，經濟長期呈現滯漲局面，增長緩慢。從以上情況看，世界經濟的格局正處在一個大變動時期，從今後的發展趨勢看，亞洲太平洋地區很有可能成為世界經濟新的中心。

文化拾遺篇

文化拾遺篇

1什麼是「奧杜韋文化」和「阿舍利文化」？

「奧杜韋文化」是埃及舊石器時代最早期的文化，大約開始於一百七十五萬年前。在七〇年代初，考古學者通過對底比斯的系統發掘，在阿舍利早期文化層之下，見到了以經過加工的卵石（砍砸器）為特徵的奧杜韋文化。後來，在底比斯丘陵早期沖積層中發現了一枚人類祖先的牙齒，與它在一起的，還有一些砍砸器。在奧杜韋文化之後，是傳統的舊石器時代的阿舍利文化，它以三面體的工具為特徵。在尼羅河谷以西沙漠的一些遺址上，廣泛流行的是大約二十五萬年前時期的手斧。而在哈里傑遺址上，還有一層時間更晚些的阿舍利文化。在哈里傑綠洲的遺址的丘陵地發現了晚期阿舍利製品，包括了各種系列的三百七十個製作很好的手斧，還有少數的石核和斧頭與稀罕的薄片工具。勒瓦婁哇成分已出現，但非常稀有。可見阿舍利文化在當時具有非常重要的地位。

2古埃及的神話傳說是怎樣的？

「神話」一詞來源於希臘文，其意主要為「傳說」、「故事」。每一個民族都有其古老的、特有的神話。古埃及的神話和其他民族的神話一樣，借助於人們豐富的、虛幻的想像，闡述他們對周圍世界和人類自身的認識與理解。古埃及神話包含了宇宙的創造、人類的起源、動物的崇拜等豐富的內容。在其神話中，宇宙的起源或創造佔有極其重要的地位。有關埃及的「創世論」或「宇宙論」的神學主要有三大體系：赫利奧坡里斯神學、赫爾摩坡里斯神學和孟斐斯神學。赫利奧坡里斯是古埃及太陽神崇拜的中心。其特點便是：以不同的名稱表現太陽的不同的形態。赫爾摩坡里斯神學模仿了赫利奧坡里斯神學，但不同的是，在混沌之中，四對蛙和大毒蛇聯結了他們的生殖力，創造了一個卵，這個卵生了八個神。孟斐斯神學用地方的主神普塔代替了赫利奧坡里斯的阿圖姆，並使之成為阿圖姆之父。普塔不僅創造了眾神，而且還創造了食物、口糧等祭品，並建立了城市。

3 古希臘神話傳說中有哪些主要的神？

一、宙斯（朱比特）奧林匹司眾神的領袖，掌管雷電雲雨之神。他多妻多子，被稱為「神和人之父」。

二、赫拉（尤諾）宙斯之妻，神后，掌管婚姻和夫婦之愛的女神，婦女的保護神。

三、波士頓（尼普特）海神，宙斯的兄弟，能以三叉戟劈開海水、掀起波浪。

四、雅典娜（彌涅瓦）智慧女神。從宙斯的頭腦中誕生。她教人類紡紗織布、製造車船等本領，同時，她又是雅典城邦的保護神。

五、阿波羅（菲比斯）太陽神，掌管光明、青春和音樂等。代宙斯宣布神旨，他手下有九個文藝女神，常給人以靈感，統稱繆斯，常以其形表現男性美。

六、阿耳忒彌斯（狄安娜）狩獵女神和月神，又稱生命的保護神，阿波羅的孿生姊妹。

七、阿佛羅狄忒（維納斯）愛與美的女神。宙斯之女，生於海中，以美著稱。工匠之神赫非斯特的妻子。

八、阿瑞斯（馬爾斯）戰神，蠻橫凶狠，但作戰中常遭挫敗。

九、赫菲斯托斯（武爾坎）火神

雅典娜

維納斯

與工匠神，瘸腿。為眾神建築了輝煌的宮殿，又為神和英雄製造了各種兵器和鎧甲，還用泥土塑造了人間第一個女子潘多拉。

十、卡赫爾墨斯（墨丘利）奧林匹司眾神的使者，宙斯的公告員，還是商業之神。

十一、得墨忒耳（克勒斯）土地和穀物女神，農業之神。

十二、赫斯提亞（維斯塔）灶神，家宅的保護神。

4世界上第一個統一的奴隸制國家是怎樣建立起來的，它對人類文化的發展做出了哪些貢獻？

世界上第一個統一的奴隸制國家是古代埃及。它位於非洲東部尼羅河下游，大約在西元前三五〇〇年左右，原始社會開始解體，出現了很多奴隸制小國。經過長期的戰爭和兼併，到西元前三一〇〇年左右，上埃及王國國王美尼斯征服了下埃及王國，實現了埃及的初步統一，建立了奴隸主階級專政的國家，史稱第一王朝，定都孟斐斯。西元前五二五年，古埃及被波斯所滅。

古代埃及對人類文化發展的貢獻主要體現於文化傳播方面，

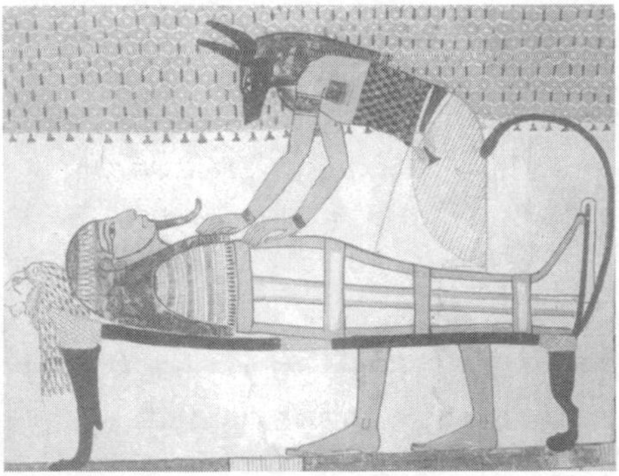

木乃伊

比如象形文字的發明；以草紙作為書寫的材料；制定了世界上最早的太陽曆，後來經過羅馬人的改善，成為了歐洲曆法的基礎。在醫學方面其主要成就便是「木乃伊」的出現。

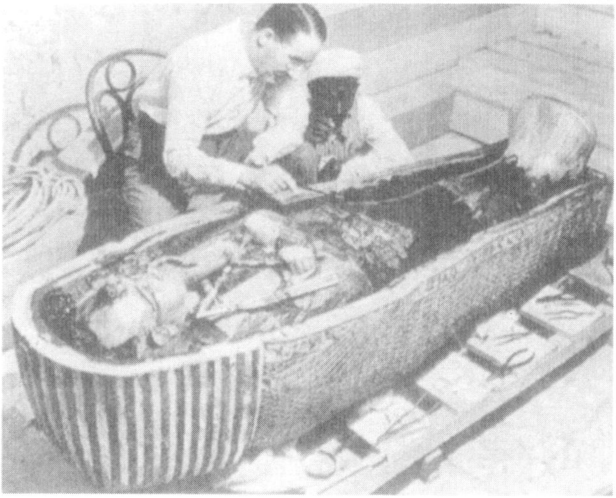
木乃伊

5「漢謨拉比法典」是什麼？

西元前十八世紀，巴比倫城市國家的國王漢謨拉比經過三十多年的戰爭，先後征服了周圍的一些國家，統一了兩河流域（底格里斯河和幼發拉底河），建立了以巴比倫為首都的中央集權的奴隸制國家。史稱古巴比倫王國。

漢謨拉比在位期間，為了維護奴隸主階級的利益，編制了這套迄今發現的世界上第一部比較完備的成文法典。法典共分為三部分，即引言、法典本文和結語。法典本文共有二百八十二條，刻在一根高約二十五公尺的橢圓形石柱上，因此也稱為「石柱法」。其實質在於維護奴隸主階級的經濟利益和統治秩序。它比較全面地反映了古巴比倫的社會性質。

漢謨拉比法典

6古代兩河流域的主要文化成就是什麼？

古代兩河流域的文化相比較其他地區而言相當豐富，其發展速度也遠遠高於同期其他地區。其主要成就有：創造了楔形文字，對西亞文字的發展起了促進作用。在數學方面，採用了十進位法和六十進位法，掌握了算術四則運算、開平方和立方，並能求出不規則多邊形和截頭方錐體的面積，把圓周分為三百六十度。在天文學方面，古巴比倫人很早便開始觀測天體，當時便可以區別行星與恆星，並把星辰劃分為星座，能夠預測日食、月食和行星會沖的現象，創造了太陰曆，分一年為十二個月，定每月為二十九日或三十日，全年為三百六十四天，並設立了閏月。他們還根據月相的變化，將每月分為四周，每周七天。這種劃分後來影響到世界各國，沿用至今。

7什麼是哈拉巴文化？

歷史上所稱的哈拉巴文化，是指印度河流域約西元前二三〇〇～西元前一七五〇年的上古文明。從二十世紀二十年代開始，在印度河流域發現了一些青銅文化遺址，其中以哈拉巴和摩亨佐達羅兩座城市遺址的規模最大，因為發現哈拉巴文化遺址在先而得名。哈拉巴文化主要包括以下幾方面內容：在器具方面，印度的古代居民達羅毗荼人等，已用青銅器製造出斧、鐮、鋤、刀、矛頭、劍等生產工具和武器。農業已成為主要的生產部門，種植的作物有大麥、小麥、稻穀、胡麻等，並且種植了棉花。人們還從事牛、羊、豬、狗、雞等動物的飼養和冶金、製陶、紡織、造船等手工業生產。從城市建設的遺址上看，街道布局整齊，縱橫相交，主要街道有十多公尺寬。另外，達羅毗荼人使用了約五百多個文字符號，只是至今還未能為人所譯懂。

8古印度王國是如何形成的？

古代印度是四大文明古國之一，有著悠久的歷史和文化傳統，至於其形成則要追溯到西元前三千年左右。當時，居住在印度河流域的達羅毗荼人進入了奴隸社會。後來，印度河和恆河流域又逐漸被來自中亞高原的雅利安人所征服。到西元前六世紀初，相傳在印度形成了約十六個奴隸制小國，其中以位於恆河中游的摩揭陀國最為強盛，它在爭霸戰爭中先後消滅了別的小國。到西元前三世紀的時候，摩揭陀國已經從恆河流域向西北擴充到印度河流域，向南擴充到德干高原的大部分地區。阿育王在位時期（約西元前二七三～前二三二年），曾一度征服了除印度半島南端以外的整個印度，從那時起便形成了印度歷史上第一個統一的奴隸制國家。

9 種姓制度是怎麼回事？

種姓制度是古代印度國家的一項重要等級制度。它將全體社會成員劃分為四個等級。第一等級為婆羅門，由祭祀貴族形成的僧侶組成，享有至高的地位，掌握神權。第二等級是剎帝利，由國王、官吏和武士等人組成，把持國家的軍政大權，和第一等級婆羅門一起組成奴隸主階級。第三等級稱為吠舍，包括農民、牧民、商人和手工業者。他們是必須向國家納賦交稅，向神廟「希施」的小生產者，供養婆羅門、剎帝利兩個等級。第四等級是首陀羅，包括被征服的、貧困破產和喪失土地的人，他們一無所有，幾乎被剝奪了一切權利，是被壓在最底層的勞動人民，只能淪為雇工或奴隸，以出賣自己的勞動力為生。

10佛教是如何興起和傳播開的？

在西元前六世紀到前五世紀，印度的等級制度（種姓制）引起勞動人民的強烈不滿，佔統治地位的婆羅門教日益遭到人們的反對，佛教就是在階級矛盾和階級鬥爭日趨激烈的情況下產生的。

佛教的創始人相傳為釋迦部落的王子喬達摩．悉達多，後來被人們尊稱為釋迦牟尼，意思是「釋伽族的隱修者」。他二十九歲出家修行，七年後自稱得道。他游歷印度許多地方，傳教四十多年，門徒們稱他為「佛」，即「大徹大悟的人」。

佛教宣揚在靈魂上「眾生平等」，反對婆羅門教僧侶的特權地位，主張每個人都可以靠自己的修行得道。這種主張對受壓迫的人民有很大的吸引力和感染力，因此佛教很快便被廣大被統治的下層人民所接受，並由此迅速傳播開來，很快便成了摩揭陀國（古代印度）佔統治地位的宗教。

11古代印度有哪些成熟文化？

古代印度人已經有了相當精細的曆法。他們把一年分為十二個月，每月三十天，每隔五年加一閏月，他們還區別出五六顆行星，知道地球是圓形的，是繞著自己的軸轉動的。

古代印度在數學方面同樣取得了很大的成就。他們採用十進位法，發明包括「零」在內的十個數字符號，這些數字符號後來經阿拉伯人傳到歐洲，稱為阿拉伯數字，至今仍為世界各地所沿用。

在醫學方面，古代印度的醫生能用幾百種草藥和明礬等多種礦物治病，能做眼科等複雜手術。

古代印度文學中最著名的作品是《摩訶婆羅多》和《羅摩衍那》。馬克思把前者稱為《伊里亞德》。它描繪了雅利安人在入侵後向東部恆河流域遷徙和奴隸制國家形成時期的故事。

12 波斯帝國是怎樣建立和衰亡的？

居住在伊朗高原的波斯人，在西元前六世紀中葉，由出身阿契美尼德氏族的居魯士統一起來，建立起奴隸制王國。為了滿足貴族追求財富和奴隸的貪欲，居魯士接連發動侵略戰爭，侵入小亞細亞，攻滅了新巴比倫王國，他的兒子岡比西斯征服了埃及。波斯的另一統治者大流士一世（西元前五二二年～前四八六年），又征服了印度河流域的一些地方，並擴張到巴爾幹東南的色雷斯。這樣，在幾十年間，波斯就成了一個東起印度河，西到小亞細亞沿岸，北起中亞細亞，南達埃及的地跨歐、亞、非三洲的奴隸制大帝國。

為了維護其統治地位，大流士一世曾在政治、經濟、軍事等方面進行了一系列改革，促進了西亞北非地區的經濟交流，在歷史上具有一定的積極意義。但是波斯帝國是靠對外侵略擴張建立起來的，西元前五世紀在遠征希臘時遭失敗，各地爭取獨立的鬥爭連綿不斷，國勢迅速衰落下去。西元前三三〇年，被馬其頓消滅。

13 努比亞文明是指什麼？

努比亞文明是非洲黑人創造的諸文明中最早的一個，在非洲大陸上僅次於埃及文明。「努比亞」原來是個地域名詞，包括今阿斯旺以南的埃及尼羅河地區（稱埃及努比亞）和摩斯提以北的蘇丹尼羅河地區（稱蘇丹努比亞），即北緯十二度至二十四度之間的尼羅河盆地。

在地理環境上，這裡與古埃及文明興起的條件頗為相似，橫穿南北的尼羅河定期氾濫，使兩岸土地相當肥沃，適宜發展農業，並且這裡有豐富的礦產資源，如銅礦、鐵礦和金礦等，便於發展金屬工業。同時，努比亞地區處於東北十分重要的地理位置，它的北面通過埃及可以直通地中海，南面沿青、白尼羅河而上，可達非洲腹地，向西沿著邁利克干河、霍瓦爾干河及科爾多凡平原、達爾富爾平原可通往乍得湖地區，東邊不遠處便是紅海。因此，這裡是西亞、地中海歐洲和非洲文明的一個重要交匯處，也是非洲的東部和西部，南部和北部文明的交匯點。從地理環境和自然環境看，這裡非常適宜人類早期文明的形成和發展。

14 斯瓦希里文明是怎麼回事？

斯瓦希里文明是以非洲黑人文明為主，多種文明交融的產物。

東非沿海城邦在其數百年的發展過程中，逐步形成了獨具特色的斯瓦希里文明。斯瓦希里文明是一種以本土的黑人文明為主體，但又吸收了外來文化的非洲文明。

斯瓦希里文明在其形成過程中，吸收了大量外來的文化。東非沿海對外貿易的興盛及阿拉伯、波斯移民的遷入，為其接觸和吸收外來文化提供良好的客觀條件。在長期的歷史發展過程中，東非本土文明接觸了波斯、印度、阿拉伯，甚至是中國的文化，經過交流與融合最終形成了斯瓦希里文明。

15 法國石柱群之謎是怎麼回事？

法國的布列塔尼半島石柱群，被英國考古學家海丁翰教授稱為「比金字塔更神秘」的石柱群，無論從重量、數量、高度和歷史的久遠來看，這些石柱群都超過英國梭斯百利平原上的石群，成為名副其實的世界巨石群之最。

從島上的卡奈鎮開始，由西往東走，首先迎面而來的是散立於沼澤、森林間的十二排石柱。這些石柱之間的距離不怎麼規則，石柱高的竟達九公尺，後面大都像史前古具一樣削磨得光滑平整。再往東，在一個叫卡邁里歐的小鎮，又可見到另一組巨石，僅有七排，過了小鎮進入卡勒斯肯，放眼望去，又是十三排長三百六十公尺的石柱群。但令人不解的是，為什麼這麼大規模的石柱群在十八世紀以前的歷史記錄中卻隻字未提。據說，卡奈鎮守護神可內利在西元前五十六年，為抗拒凱撒大帝的羅馬兵入侵而親登鎮北山丘，在奇蹟般的神力下，使一個個追趕中的羅馬士兵僵死在原地，變成今日的石柱。另一種傳說是，十九世紀早期，崇拜蛇蠍之風盛行，石頭之所以呈蜿蜒狀排列，就是為了配合當時的社會風氣。

雖然石柱群之謎還有待於解開，但至少可以肯定一點，那就是經過C—十四的測試，這些石柱群早於西元前四六五〇年便已經存在了。

16古希臘文化的兩大要素分別是什麼？

古希臘文化主要有兩大要素：「阿波羅精神與狄奧尼索斯精神」。「阿波羅」代表一種類似夢境的、靜態的造型的美，是希臘文化中「明洋」的象徵，是希臘人追求顯態、外在美的化身。阿波羅誕生時，陸地無處落足，海神助了他一臂之力，海預示著希臘文明是一種海洋文明。「狄奧尼索斯」代表了一種動態的、放蕩不羈的美。狄奧尼索斯是希臘神話中的酒神，常飲酒至醉，而不在乎他人對其看法，瘋瘋癲癲。所以古希臘人在舉行許多特定的儀式時，往往由人扮演狄氏，放浪形骸，充分發揮人的一切欲望。希臘神話中的眾神是人性化和世俗化的，而這兩大主要要素正體現了古希臘藝術的宣洩之美。這也逐漸成為後來西方藝術的基礎。

17古希臘文化在文學、醫學方面對後世的影響是怎樣的？

在文學方面，歐洲的現實主義和浪漫主義創作方法皆源於古希臘文化，歐洲文學的主要體裁如史詩、田園詩、悲劇、喜劇、文學評論、傳說、寓言等，無不源於希臘。其中富有代表性的作品主要有盲人詩人荷馬的《荷馬史詩》——其中包括兩部著名的史詩《伊里亞德》（二十四卷）和《奧德賽》（二十四卷），有梭倫的哀體詩《薩拉米頌》，有三大悲劇家埃斯庫羅斯、索福克勒斯和歐里庇得斯的一系列作品，還有伊索的《伊索寓言》等。

在醫學方面，被譽為古代「醫學之父」的醫學家希波克拉提斯，提出了「體液學說」，以為人體存有血液、黏液、黃膽汁和黑膽汁四種液體，它們之間相互影響，相調則體健，失調則生病。他主張治病應既要有高超的醫術，又須具備高尚的醫德，兩者缺一不可。

18「奧林匹克」運動會是怎樣起源的？

在體育方面，至今舉世聞名的「奧運會」，即起源於西元前七七六年古希臘的「奧林匹克競技」。著名的馬拉松賽跑，也是源於馬拉松戰役中的一希臘士兵長途不間斷跑步報捷後身亡的英雄事蹟。另外，奧運會中的馬術、射箭、舉重、摔跤等項目，起初都是古希臘士兵演練的軍事內容，在冷兵器時代的這些軍事訓練專案逐漸

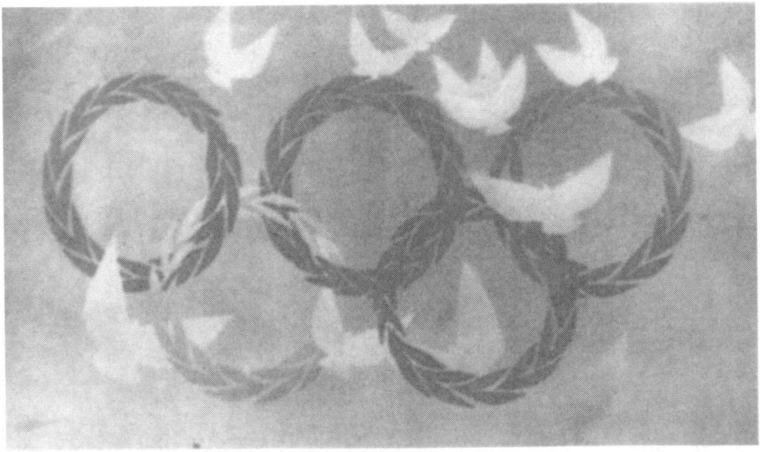

奧運會標記

奧運會開幕式

成為後來「奧林匹克競技」的重要內容，所以，希臘自一八九六年舉辦了第一屆「奧林匹克」運動會後，一直被世人視為「奧林匹克」的發源地，其在世界體育史中佔有不可替代的重要地位。

19 古代希臘有哪些著名的城市國家？

古代希臘是歐洲文明的發源地，西元前八世紀到前六世紀，在希臘半島上出現了兩百多個以城市為基礎的奴隸制國家（又稱城邦），其中最著名的是斯巴達和雅典。

斯巴達建在希臘的伯羅奔尼撒半島上，是希臘境內最早的城市國家，實行奴隸主貴族寡頭政治和軍事教育制度。它不斷發動戰爭，西元前五世紀左右，成為希臘最為強大的國家。

雅典位於希臘東南的阿提卡半島上，是一個以手工業、商業和航海聞名的奴隸制城市國家。雅典公民分為貴族和平民兩部分，由從貴族中選出的執政官掌握政權，平民往往因為生活所迫淪為債務奴隸。西元前七世紀末到前六世紀初，平民反對貴族的鬥爭十分激烈。正是在這種條件下，西元前五九四年當選為執政官的奴隸主貴族梭倫進行了著名的梭倫改革，使富有的工商業奴隸主同貴族一樣參加對國家的統治，擴大了雅典奴隸主統治的基礎。到西元前六世紀末，雅典成為希臘著名的奴隸制共和國。

20馬其頓帝國是怎樣興起和衰落的？

位於希臘北部的馬其頓，在西元前五世紀至前四世紀時，逐漸形成了統一的奴隸制王國。在腓力二世統治時期，實行了一系列政治、軍事改革，從而成為軍事強國。它利用希臘城邦在伯羅奔尼撒戰爭後普遍衰弱的機會，多次發動對希臘的侵略。西元前三三七年，腓力二世在科林斯召開希臘會議，確立了馬其頓在希臘的霸權。後來在亞歷山大當政期間，又通過一系列戰爭，先後消滅了波斯帝國，攻佔了埃及，又遠征印度，終於，馬其頓帝國建立起來了。

但是，建立在武力征服基礎上的馬其頓帝國沒有統一的經濟基礎，內部充滿了反抗與矛盾。隨著西元前三二三年亞歷山大的病逝，帝國隨即分裂，他們各據一方，分別在埃及建立了托勒密王朝，在西亞建立了塞琉古王朝，在馬其頓本土建立了安提柯王朝，他們之間展開了爭權奪利的長期混戰。

21何謂「愛琴文化」？

古代希臘是歐洲文明的發源地，包括希臘半島、愛琴海諸島和小亞細亞西海岸等地區。古希臘的歷史以愛琴文化，即克里特——邁錫尼文化為其開端。愛琴文化，是歐洲最早的青銅文化。

考古發掘表明，愛琴海南端克里特島的皮拉斯基人，早在西元前二五〇〇年左右，已進入了金石並用時代，氏族制度開始解體，約在西元前兩千年建立了奴隸制國家，西元前一六〇〇年至前一四五〇年間，克里特文化進入全盛期，修建了規模宏大的諾斯王宮。此後，島上的較大城市突然遭到嚴重破壞，愛琴文化中心轉到半島南部的邁錫尼。不久，這裡被希臘半島北部的多利亞人所征服，邁錫尼文化從此走向衰落。

22中世紀基督教文化是怎樣的？

羅馬帝國崩潰後的一千年（五~十五世紀）被稱作歐洲的「中世紀」。隨著日耳曼人殺死了最後一個羅馬國王，在原羅馬統治的這片土地上出現了一大批日耳曼王國，後來便發展成了現在的英國、法國、德國、義大利、西班牙等國。這段時期沒有統一的政體，只有毀滅與混亂、饑餓和疾病橫行，取代中央政權的是基督教會。基督教統領政治、法律、藝術、學術數百年，因而被稱作「黑暗時代」。但基督教文化同樣在多方面對後世的文化產生了積極的意義，其中主要有以下五個方面：一、科學精神。在基督教的發展過程中，教義的制定、教理的論證、傳道的解說，多以科學為基礎，可以說基督教在無意中甚至在扼殺科學的過程中傳播了科學。二、勤勞精神。在《聖經》中指出勞動是人應盡的義務，勞動本身就是祈禱，就是贖罪。三、平等精神。基督教強調人類皆犯原罪，而這一點正體現了人人平等的思想。四、契約精神。基督教認為上帝是自然的、永恆的，但卻不是絕對的，他也受到契約的約束，所以他必須對人類、對信徒負責。這就是原始契約思想的表現。五、悲劇式樂觀精神。基督教不是膚淺的樂觀主義，也不是矯情的悲觀主義，而是悲劇式的樂觀主義。耶穌被釘在十字架上的獻身精神亞當和夏娃滲透到了信徒們的意識中。這種不願安逸生活，而希望冒險與征服的精神，正是一個民族創造力的源泉。

23 什麼是伊甸園？

「伊甸園」是出自《舊約全書・創世紀》中的神話故事。它講，是上帝利用地上的塵土造出了人的軀幹，然後吹進生命的氣息，這個土人便成了有靈魂的活人，他就是最早的人——亞當。為了安置亞當，上帝在伊甸的東邊開闢了一個園子，這就是「伊甸園」。園中長有生命樹和分別善惡樹，要亞當看管，並吩咐他說：「園中的各種果子都可以吃，但那棵分別善惡樹的果子不能吃，吃了就會受到懲罰。」

上帝為了讓亞當不至於過於孤獨，就在他沉睡時從他身上取出一根肋骨，造成一個女人，於是夏娃便誕生了，從此，他倆便結成為夫妻。

後來夏娃在蛇的欺騙挑唆下，偷吃了分別善惡樹上的果實，還把果子送給丈夫亞當吃。上帝發現後，為了懲罰他們，把他們趕出了伊甸園，要亞當歸本於塵土，耕種土地。所以，如今西方不少文學作品引用了這個神話故事，把「伊甸園」稱為生命的根。

亞當和夏娃

24基督徒在胸前的手勢表示什麼？

在胸前劃十字，這是基督徒在祈禱、祝福時的一種手勢，起源於基督教的標誌——十字架。

基督教是世界第一大宗教，於西元一世紀產生於羅馬統治下的地中海東部地區。相傳基督教的創始人耶穌是上帝的親子，為了拯救人類，他前往巴勒斯坦傳教。由於同情廣大下層人民，所以表現了對富人的鄙視和譴責。最後，巴勒斯坦猶太上層分子勾結羅馬總督將他逮捕，釘死在十字架上。所以，該教便以十字架為標誌。後來，教徒們便常在胸前劃十字以表示對耶穌的虔誠，祈求他饒恕「原罪」，消災解憂，保佑其平安無事，逐漸在胸前劃十字架便成為一種定式，凡要祈禱或祝願時便在胸前劃十字。

25馬可．波羅是怎樣一個人？

《馬可．波羅遊記》第一次將中國詳細地介紹給了西方，使西方對東方乃至中國產生了濃厚的興趣，讓世界了

十字架

解了中國，雖然只是模糊的介紹，但對於西方世界而言卻極富影響力。至於這部遊記的作者馬可．波羅，相信了解的人卻並不多。馬可．波羅是義大利著名旅行家，他生於義大利的威尼斯，在西元一二七一年隨父親東遊，經伊朗、敘利亞和帕米爾高原，於一二七五年初到達了中國元朝的王都（今內蒙古多倫縣），不久便得到元世祖忽必烈的信任，加官晉爵，奉命出使外國，與周邊國家建立了友好關係。一二九五年末，馬可．波羅辭官歸國。後來參加了熱那亞與威尼斯的戰爭，不幸被俘，在監獄中口述遊歷東方的見聞，同獄的獄友筆錄整理為《馬可．波羅遊記》。這本書大開歐洲人的眼界，曾被譯為多種文字在歐洲各國出版，對東西方文化的交流起了促進作用，具有重要的歷史價值。

26 西方歷史上的「地理大發現」指的是什麼事件？

「地理大發現」是西方史學對十五～十七世紀歐洲航海者開闢新航路和發現新大陸的通稱。在十四和十五世紀，地中海沿岸一些城市出現了資本主義生產的最初萌芽，南歐一些國家，手工業及商業貿易有了相當程度的發展。一些商人渴望向外擴充貿易，獲取更多的財富，但從十五世紀中葉起，土耳其奧斯曼帝國佔據東西方交通往來的要地——君士坦丁堡及東地中海和黑海周圍的廣大地區，對過往商人橫徵暴斂，多層盤剝，從而阻礙了西歐與東方陸上貿易的通道，而由東方經波斯灣—地中海和經由紅海—埃及—地中海的兩條海上道路又完全為阿拉伯人所操縱。因此歐洲商人和封建主為了獲得此較充分的東方商品和尋求更多的交換手段——黃金，並免受土耳其人、阿拉伯人及義大利人的盤剝，便開始探求通往東方的新航路。「地理大發現」主要指以下幾大事件：新航路的發現、新大陸的發現和「第一次環球航行」。

哥倫布

27教宗是如何選出的？

羅馬教宗是終身制的。教宗去世後，由世界各國紅衣主教組成的教宗選舉會另選新教宗。選舉教宗必須嚴格按照中世紀以來的傳統方式進行。選舉當天，紅衣主教身著正式服裝，在做完彌撒儀式後，由「青銅門」進入梵蒂岡的西斯廷教堂，分別進入「密室」。在教宗選舉期間，西斯廷教堂斷絕一切外界聯繫，每層門上都上鎖並貼上封條，任何人不得進出。除留一部緊急聯絡的電話外，其他電話統統不得使用。溝通內外的唯一管道是設在「青銅門」上的兩個轉盤，需要往

教宗若望・保祿二世

裡送的食物、醫藥等放在轉盤上，由工作人員轉動轉盤送進去。

選舉採用互選方式，得票超過三分之二者當選。事先不提候選人名單，所以往往需要多次選舉才有結果。

選舉期間，有關選舉的情況絕對不得外傳。為等候選舉的結果，成千上萬的信徒聚集在西斯廷教堂外的聖彼得廣場上，眼睛盯著西斯廷教堂的煙囪。裡面每投票一輪，煙囪便冒一次煙。若冒出的煙是黑的，就意味著選舉尚無結果，若煙囪升起裊裊白煙，便表示新教宗已選出來了。

28 錫克教文化是怎麼回事？

十五世紀末十六世紀初，在南亞次大陸的西北部，在錫克人居住的地區，興起一種新興的宗教，即錫克教。創始人為那納克，生於旁遮普省的普塔爾萬提村一個印度教家庭，屬剎帝利種姓，父母為虔誠的印度教徒。他從小受家庭思想的薰陶，上學後學習梵文，並接受阿拉伯文、波斯文和伊斯蘭教文化教育。此時印度正處於莫臥兒帝國初創時期，印度教的傳統文化與外來莫臥兒伊斯蘭文化之間，既有碰撞摩擦，又有相互理解和融合。錫克教是伊斯蘭教和印度教相互融合潮流中的產物。錫克教的主要聖典是《格蘭特·沙哈卜》，亦稱《阿底·格蘭特》或《古魯·格蘭特·沙哈卜》和《十祖聖典》。

錫克教是一神教，只崇拜一個神、一個師尊和一個真名（神和真理）。與印度教和佛教一樣，錫克教同樣主張業報輪迴，提倡修行，反對祭祀制度、偶像崇拜和消極遁世的態度，並認為，人生中有痛苦也有歡樂，但人生的目的就是要從痛苦中得到解脫。在社會倫理道德思想方面，錫克教極力反對印度教的種姓制和婦女歧視，主張在神面前，人人平等，不分貴賤，不分種姓，四方大門向人人敞開。

錫克教的發祥地旁遮普地區不僅是古印度文明的中心，而且也是錫克教文化的中心。錫克教的寺廟遍布境內各地。其中最著名的聖廟是位於阿姆利則城內的金廟，它是錫克教文化的象徵和代表。

29 吳哥文化是怎麼回事？

吳哥是九～十五世紀時期吳哥王朝的首都，它所遺留下來的大批佛教建築群遺蹟，是柬埔寨

吳哥窟遺址

佛教文化的象徵和代表。吳哥古蹟主要包括大小吳哥兩地的吳哥城和吳哥寺，位於暹粒省境內，始建於八〇二年，最終建成於一二〇一年，前後歷時四個多世紀。在方圓約四十五公里的森林地帶內，建有大小聖塔、寺廟約六百餘座，構成一幅絢麗繽紛、光彩奪目的吳哥佛教建築藝術畫卷。其中最著名的是吳哥寺和吳哥城。

吳哥寺，音譯為「吳哥窟」，亦稱「小吳哥」或「梵宮」，意為「寺之都」，又名「塔城」。它位於吳哥城南側四公里處，約建於一一一二～一二〇一年間。吳哥寺建築構思巧妙、布局勻稱、雕刻精細，寺內的浮雕藝術既富有印度色彩，又具有民族特色，雕刻技藝精湛絕倫，為吳哥寺中最富代表性的建築藝術。

吳哥城亦稱「吳哥通王城」，「通」是大的意思，故又稱「大吳哥」或「大城」。初建於九世紀，為吳哥王朝都城，後毀於戰火，十二世紀重建，全城呈正方形，城的周長約五公里，城牆全用赤色石塊砌成，高七公尺。城內有眾多寺廟、金塔和皇宮，其中最負盛名的是巴客寺，建於全城中心，是由五十座石塔組成的建築群。

吳哥文化是印度教與佛教藝術相互交融的結晶，也是柬埔寨民族文化的象徵。吳哥建築不愧為柬埔寨的國寶，它被譽為東方四大建築奇蹟之一。

30 文藝復興時期的代表人物及其影響主要有哪些？

首先，在義大利，文藝復興初期的主要代表人物有史稱「三顆巨星」的但丁、佩脫拉克和薄伽丘，還有被譽為「歐洲繪畫之父」的喬托。盛期時的主要代表人物有達文西、米開朗基羅和拉斐爾，美術史家稱他們三人為「文藝復興三傑」。其中達文西被恩格斯稱為歐洲繪畫第一高峰時期的第一個巨人。晚期的主要代表人物有三位著名的科學家和思想家：布魯諾、伽利略和康帕內拉，還有一些著名畫家。其次，在歐洲各國，波蘭天文學家哥白尼提出的「天體運行論」徹底掃除了造物主的地盤；德國天文學家開普勒以實驗為依據，發現了行星運行三大定律；英國生理學家和醫生威廉·哈維發現了人體血液循環，使生理學確立為科學；英國哲學家和科學家培根總結了新文化的成果，發揮了唯物主義思想，提出了「知識就是力量」的不朽名言。此外還有荷蘭著名的無神論哲學家斯賓諾莎、捷克著名教育家夸美紐斯，思想家和空想社會主義的鼻祖莫爾。此外，還產生了許多名垂青史的文學家，如英國的喬叟、莎士比亞，法國的拉伯雷，西班牙的塞萬提斯等，他們均留下了不朽之作。

31阿拉斯加是怎樣被易手的？

在北美洲的西北角，有一片廣大荒涼的土地，它東鄰加拿大，西瀕白令海峽，南北是浩瀚的北極海和北太平洋，這就是美國第四十九州——阿拉斯加。這塊遠離美國本土的「異地」原來並非美國領土，而是美國在一八六七年從俄國手中買來的。

據說，一八六七年三月二十九日，美國國務卿威廉·西沃德在結束了一天的工作，正在客廳玩牌，俄國駐華盛頓使節斯多依科男爵忽然求見。在那之前俄美之間就轉讓阿拉斯加問題進行了多次協商。使節說他接到沙皇亞歷山大二世的御旨，同意就阿拉斯加轉讓問題同美國進行正式談判。西沃德聽後喜上心頭，立即放下了手中的紙牌，迫不及待地對男爵說：「為什麼要改天呢？我們馬上開始吧！」男爵經不住西沃德的懇求，便立即開始了轉讓談判。當晚，美國國務院燈火通明，緊張的談判進行了近一夜，西沃德開口價五百萬美元，斯多依科卻堅持不低於七百萬，雙方來回多次討價還價，最終在凌晨四點，美國以七百萬美元外加二十萬美元手續費做成了歷史上最划算的一樁生意，因為以此價格平均每英畝土地僅為兩美分。後來，在阿拉斯加相繼發現了金礦和油田，加上當地豐富的其他資源，如今阿拉斯加成了美國的一塊「寶地」。

32「星條旗」是怎樣由來的？

「星條旗」即為美國國旗，由白色的小星星與紅白兩色相間的條紋組成，被稱為「星條旗」。第一面國旗由愛國者、女裁縫貝特西·羅斯創作，它以十三道紅白相同的條紋為底，左上角的藍色方框中，由十三顆小白星組成一個環形，那十三道條紋和十三顆小星是為了紀念最初組成的十三個州。以後其國力日益強盛，疆域向西部和南部擴展，一八一八年四月四日美國國會通過法案，規定國旗上的紅白相間條紋為十三道，意即代表原來北美最早獨立的十三個州，旗左上角為藍底和白色五星，小星的數目與州的數目相等，隨著美國版圖的不斷擴大，州的數目不斷增加，國旗上的小白星的數目也逐漸增多。一八五九年，阿拉斯加和夏威夷先後成為第四十九個和第五十個州，從此星條旗上的小白五星的數目確定為五十顆。

美國國旗

33 你見過這樣的書嗎？

書籍是世界的營養品，它是人們生活中最寶貴的財富。人類的全部文化知識無處不蘊藏在書籍之中，種族、人群、國家消逝了，而在後人發現的書籍之中仍然可以找到它們的印跡。然而生活中確確實實有一些奇特的書，它們是以不同的形式保留下來的，比如：

金書：西元五世紀中葉在斯里蘭卡古都可努拉達普拉的一座古廟中，發現一部金薄箔製成的書，全書共十四頁，每頁都用純金薄箔製成，上面載有古印度史詩。據載是在一千四百年前由印度傳入的。

銅書：在保加利亞西部的加布羅沃城市圖書館保存著一部世界上製作最為精巧的青銅書，它是兩百年前保加利亞著名銅匠科斯托維用了十年時間鑄成的，全書共二十二頁，重八十五公斤，上面刻的全是警句和格言。

鋼書：在南美洲巴西聖保羅市的中心廣場上，陳列著一部鋼書。該書共有一百頁，重十五噸，上面記載著這座城市的全部歷史，書用鋼薄板鑄刻並裝訂，書中記錄著聖保羅城市的歷史沿革、風土人情和名勝古蹟。

石頭書：在歷史名城曼德勒的一座古塔裡，珍藏著一部全世界最大的石頭書。全書共七百三十頁，每頁都是重幾公斤的大理石，總重一千四百六十公斤。據考，它是十八世紀中期一百名石匠用幾年時間刻成的，內容全是佛經。

34人皮書是怎麼回事？

用人皮裝訂的書在世界上最為罕見，這種圖書目前在世界上至少有一百冊。最有名的一本是法國著名天文學家、詩人卡米爾·弗拉馬利翁博士的詩集《空中的土地》。據說，當時有一位伯爵夫人非常喜歡這個博士的詩，她在遺囑中提出要用自己肩上的皮裝訂這本書。現在，這本書的封皮上燙有這樣幾個法文金字：「遵照一位女士的心願，用她的皮裝訂而成。一八八二年。」這本書一直為卡米爾博士收藏。他死後，被一個美國收藏家購去。

在第二次世界大戰期間，納粹德國的一個俘虜收容所所長的妻子，對人皮，特別是有紋身圖案的人皮感興趣。她利用其丈夫的職位，殘酷殺害了一些身上有紋身圖案的俘虜，用他們身上的皮製作成一些書的封面，其中有希特勒的影集、《我的奮鬥》和她自己的日記本。

35你見過奇怪的湖嗎？

三色湖：在印度的西亞沙登加拉群島中的一個小島上，有個奇異的小湖，左湖的水色鮮紅，中間湖水呈碧色，而右湖的水呈綠色。

五層湖：俄羅斯北部巴倫克海中的一個小島上有一個湖，湖水從上面至底部分為五層，最上層的水是淡水，第二層是鹹、淡混合層，第三層是鹹水層，第四層的湖水是紅色的，最下層水較混蝕，含有豐富的有機質。

火湖：在中美洲加勒比海北部的大巴哈馬島上有一個非常奇妙的「火湖」。每當夜色朦朧之時，人們泛舟湖上，隨著船槳的划動，湖面上便出現閃閃發光的水波。湖水為什麼能發光呢？原來是湖裡大量繁殖著一種微小的「甲藻」，而甲藻所含的螢光酵素在水受振動時被氧化而發光。

沸湖：在多明尼加島南部山谷中，隱藏著一個「沸湖」，湖長九十公尺，最寬的地方六十公尺，時而從湖底噴出三公尺多高的水柱，並伴隨有巨大的轟鳴聲，整個湖面熱氣騰騰，就像一鍋煮沸了的水。有人認為這個湖很可能是一個古老的火山口。

鹽湖：約旦境內有一個湖，湖含鹽量很高，因此湖水浮力很大，人可以躺在湖面上而不下沉。

36你見到這樣的鳥嗎？

地球上鳥類繁多，據估計，數量有一千億隻，是一個龐大的家族。它們之中無奇不有。

滅火鳥：在中美的尼加拉瓜有一種小鳥，人們叫它「滅火鳥」。它對火光極其敏感，只要一發現有地方起火，就會高聲鳴叫，以互相通知聚集在一起，然後迅速飛往火場。有趣的是，它們能吐出一種含有大量滅火成分的唾液，所以它們便成了消防隊員的朋友。

送奶鳥：美洲玻利維亞的森林中，棲息著一種奇特的鳥，腹下都長著一個大奶囊，可是它們並不是哺乳動物，根本不用乳汁哺育他們的子女。它們經常飛到村中，讓人們慢慢地擠出乳汁，由於這種乳汁營養價值很高，當地人們都用它來哺育嬰兒。

打狼鳥：在非洲的布隆迪，有一種小鳥叫「司本達」，它的看家本領不亞於狗。當地居民為了防止狼偷吃牲畜，每家都養有這種鳥。它的嘴特別大，目光銳利，嗅覺靈敏，特別討厭狼身上的氣味。它一旦發現狼的蹤跡，就用那富有彈力的舌頭把二、三兩重的石子迅速彈到四、五十公尺以外的地方，速度就像剛出膛的子彈一樣，而且還會準確地打在狼的身上。

變水鳥：生活在各大海洋的信天翁，是海上最大的飛禽，又是著名的飛行家，它的胃能將含鹽分較多的海水轉變成甜美的生理淡水，並且還能根據需要儲藏起來。至於它們為什麼能製造淡水，至今還是個謎，科學工作者正在研究。

37外國的城市有趣嗎？

閃電之都：有個名叫奧拉維科斯基的小鎮，由於閃電頻繁，使當地居民生活在閃電之中。據水文氣象站自動記錄器的統計，一九七八年的夏天，有一個月竟出現過閃電兩千兩百多次，平均每天七十三次。自動記錄器記下的只是積雨雲與大地之間的放電，還未包括積雨雲內部的放電現象，因而該鎮每天發生的閃電可達數百次之多。所以，人們把奧拉維科斯基鎮稱為「閃電之都」。

無雨之都：秘魯的首都利馬，是幾乎不見雨的城市。據資料記載，利馬一年內降雨三十七公釐，但這不是一般的雨，而是一種很細的毛毛雨，這種水絲僅僅能使物體的外表稍感濕潤。

音樂之都：奧地利首都維也納，是優美的圓舞曲的故鄉，同時也是歐洲許多著名古典音樂作品的誕生地。因此，有「世界音樂之都」的盛譽。

壁畫之都：墨西哥城從政府大廈、博物館、學校、劇院，直到其他各種建築物的牆壁上，都布滿了色彩鮮豔的壁畫。有的壁畫就畫在高大建築物的外牆上，以墨西哥人民的愛國主義和革命鬥爭為題材，通過藝術形象給人們教育和鼓舞。因此，該城被稱為「壁畫之都」。

38美國「奧斯卡」金像獎是怎樣來的？

美國的奧斯卡金像獎是世界上著名的藝術獎項，那麼它是怎麼產生的呢？

一九二七年五月四日，美國成立了一個非營業性的「電影藝術與科技學院」，次年，該院開始設立了「學院獎」，共分十一個獎項。後來，無聲電影發展為有聲電影，便又增設了錄音、配樂等獎項。然而，金像獎被命名為「奧斯卡」，則是在一九三一年一個偶然的機會。當年，科技學院圖書館的一名女管理員，在看到鑄造廠送來的金像時，便驚奇地失口尖叫起來，「哎呀，他多像我的叔叔奧斯卡」。誰知，在頒獎會場中，有一名記者因坐在後排，只聽到「奧斯卡」三個字，誤解了該獎已定名為「奧斯卡金像獎」。消息傳開後，以訛傳訛，翌日，各報均爭相加以報導。後來，電影藝術與科技學院也只好將錯就錯了，「奧斯卡金像獎」便由此而來。

39《吉尼斯世界紀錄大全》是怎麼來的？

一九五一年，吉尼斯釀造廠經理比弗爵士在打獵時忽然想知道金絲鳥是否是歐洲一種飛得最快的鳥，同時也萌發了出本書專門回答這類問題的念頭。為此，他接連不斷地穿梭於歐洲大約八萬家酒吧間，通過與人聊天來搜集這方面材料。一九五四年，他利用牛津同學關係網，與弟兄取得聯繫，三人想法一拍即合。於是，一個專門搜集世界之最資料的機構成立了。

一九五五年，《吉尼斯世界紀錄大全》一書誕生之後，很快成為暢銷書。麥克沃特說，人們總是對那些最大、最好、最小的人和事感興趣。

今天，吉尼斯出版公司年營業額達一千二百六十萬美元，但公司的辦公室卻是幢普通的二層紅磚建築。那裡有雇員四十名，只有四人負責審批申請者寄來的材料，已列入吉尼斯的十五萬紀錄中，每年有三千項要被打破。

40 電視劇是怎樣產生的？

世界上最早開辦電視劇事業的是英國。一九二九年，英國在倫敦開始試驗播放無聲的圖像。然後，試驗有聲圖像。在創製了利用電子作用的光電射像管後，電視的清晰度大大增強，使電視的發展進入了一個新的階段。

就在這時，世界電視史上第一個創作電視劇的劇作者英國人波蘭·德羅，寫出了《口含一枝花的男人》的多幕電視劇本。這個劇一九三〇年在英國電視上聲畫俱全地播出，成為世界上最早播出的電視劇。電視劇是隨著電視事業發展起來的新興劇種。

三十年代來，法、英、德、蘇諸國的電視接踵開播，五十年代繼西德、日本之後，電視在世界各國陸續與觀眾見面。電視劇在這些國家應運而生，得到相應的發展，在歐洲尤其盛行。

41聯合國的名稱是怎樣來的？

一九四二年，美國、蘇聯、英國、中國等國著手建立反法西斯同盟，並決定擬定一份宣言，但一時沒有合適的名字。美國總統羅斯福和英國首相丘吉爾，多次討論名稱問題，但總覺得不甚完美，只好暫時作罷。

一天清晨，羅斯福起床更衣，突然喊了一聲：「天哪！我想起來了。」他忙命令僕人推著他來到丘吉爾房前，並大聲喊門，丘吉爾正在浴室洗澡。羅斯福來到浴室門前推開滿是水氣的門，對丘吉爾高聲說：「親愛的溫斯頓，我想起來了，你看『聯合國』如何？」丘吉爾胖胖的身材從漂滿皂泡的浴缸中冒出來了，只見他拍拍肚皮說：「太好了！」這樣，宣言的名稱就確定為「聯合國宣言」。一九四五年，聯合國正式成立時就沿用了這個名稱。

42七大洲的名稱是怎樣由來的？

亞洲和歐洲：全稱是亞細亞洲和歐羅巴洲。這兩個詞都來源於古代的閃米特語言。亞細亞的意思是東方日出之地，歐羅巴是西方日落之處。

非洲：是阿非利加洲的簡稱。希臘「阿非利加」一詞是陽光灼熱的意思。非洲地跨南北兩半球，赤道從中部穿過，絕大部分地區氣候炎熱。

大洋洲：原名澳大利亞洲。「澳大利亞」一詞源於西班牙文，意思是南方的陸地。大洋洲包括澳大利亞大陸和塔斯馬尼亞島、紐西蘭的南島、北島和伊里安島以及散布在太平洋上的一萬多個島嶼。

北美洲和南美洲：合稱美洲，全稱亞美利加洲，以巴拿馬運河為分界線。義大利探險者亞美利哥曾到美洲探險，後來地理學家以他的名字稱這塊大陸為亞美利加洲。

南極洲：由於這個洲絕大部分地處南極圈內而得名，氣候酷寒，大部分地方覆蓋很厚的冰層，故又稱冰雪大陸。

43世界各國貨幣名稱分別是什麼？

一、「元」，世界各國貨幣稱「元」的有：中國、美國、日本、朝鮮、馬來西亞、新加坡、澳大利亞、加拿大、圭亞那、衣索比亞、特立尼達和多巴哥、利比里亞。

二、「鎊」，英國、土耳其、蘇丹、尼日利亞、塞浦路斯等國，都把他們國家的貨幣稱作

「鎊」。

三、「先令」，奧地利、烏干達、肯尼亞、坦桑尼亞、索馬利亞等國稱貨幣為「先令」。

四、「馬克」，德國、芬蘭稱貨幣為「馬克」。

五、「克郎」，瑞典、丹麥、挪威、冰島、捷克等國家稱貨幣為「克郎」。

六、「盧比」，是尼泊爾、巴基斯坦、印度三國的貨幣名稱。

七、俄羅斯稱貨幣為「盧布」。

八、羅馬尼亞的貨幣為「列伊」。

九、泰國稱貨幣為「銖」。

十、伊朗、沙烏地阿拉伯貨幣名為「里亞爾」。

十一、荷蘭、越南、印尼等國貨幣名「盾」。

美元

澳元

十二、義大利貨幣名為「里拉」。

十三、墨西哥、多明尼加貨幣名為「比索」。

十四、巴西的貨幣名為「克魯塞羅」。

44西方近代科技史上的十大里程碑是哪些?

一九四五年——第一顆原子彈在美國試爆，宣告原子時代開始。

一九五四年——抗小兒麻痺症的脊髓灰質炎菌試驗成功，人類首次進行廣泛有效的小兒麻痺症防疫工作。

一九五七年——前蘇聯發射人造地球衛星一號，標誌著太空時代的到來。

一九五八年——英國科學家揭開了基因的化學結構之謎，為生物技術開創了一條嶄新的道路。

一九五九年——美國科學家申請第一個積體電路專利權，領導了革命性「電腦晶片」的發展。

一九六〇年——雷射技術在美國誕生。

一九六九年——美國太空人在月球上印下了人類第一個腳印。

一九七八年——英國醫生採用剖腹產手術生下了人類第一個試管嬰兒。

一九八一年——美國太空梭哥倫比亞號進行首次軌道試飛，人類進入太空飛機可重覆使用多次的時代。

一九八八年——世界範圍內在超導研究中獲得連續性突破。

45巴拿馬運河是怎樣開掘的？

一八九〇年，法國的一家公司承包了巴拿馬運河（位於中美洲巴拿馬境內）的修建工程。但由於缺乏資金，工程遂被中止，需要另覓施工隊伍。此時，巴拿馬運河工程的設計人之一菲利普·布納瓦利拉考慮到美國有條件接手此項工程，於是帶著設計圖紙隻身來到華盛頓。但美國國會內部意見卻並不一致，大多數人認為承攬修建尼加拉瓜運河比修建巴拿馬運河省錢。但尼加拉瓜境內多火山，儘管尼政府多次向美國政府保證當地都是死火山，但美國仍然猶豫不決。

巴拿馬運河

這時，布納瓦利拉為了爭取美國國會同意接手巴拿馬運河工程，也在絞盡腦汁。有一天他在給朋友的信上貼郵票時，他突然想起幾年前尼加拉瓜發行過的一種描繪該國莫莫通波火山爆發的郵票，便決定由此展開攻勢……

最後，在投票表決前一天，準備投票贊成尼加拉瓜運河工程的國會參議員們都收到了一封信，裡面夾著一枚莫莫通波火山爆發的郵票。信裡還附有一張便條：「無需多言，此郵票即尼加拉瓜境內火山活動情況的最好見證。」幾天後，美國國會參議院否決了尼加拉瓜運河工程，而同意接手巴拿馬運河工程。一九〇三年，美國施工隊伍正式動工開掘舉世聞名的巴拿馬運河。因此，可以說巴拿馬運河的開掘是由一枚郵票決定的。

46世界十大交響樂團和舞曲是哪些？

樂團：

1柏林愛樂樂團：一九八二年創建於柏林；

2維也納愛樂樂團：一八四二年創建於維也納；

3列寧格勒國立愛樂樂團：一七九二年由原聖彼得堡音樂協會管弦樂團轉變而來；

4費城管弦樂團：一九〇〇年創建於費城；

5克利弗蘭管弦樂團：一八一二年成立於克利弗蘭；

6阿姆斯特丹音樂廳管弦樂團：一八八八年創建於阿姆斯特丹；

7巴黎管弦樂團：一九六七年創建於巴黎；

8德雷斯頓國立管弦樂團：一五八四年創建於德雷斯頓；

9芝加哥交響樂團：一八九一年創建於芝加哥；

10波士頓交響樂團：一八八一年創建於波士頓；

舞曲：

1《探戈舞曲》：二四拍，源於西非，後盛行於南美，一九三八年後向世界各地傳播；

2《華爾滋舞曲》：三四拍或六八拍，源於奧地利，本是當地民間舞蹈，分快三和慢三兩種，十九世紀後傳播於歐洲，由此迅速成為歐洲流行樂曲；

3《倫巴舞曲》：四四拍，源於黑人音樂，在古巴成形，一九三〇年後流行於歐美各地；

4《爵士舞曲》：樂曲簡單自由，節奏性強，十九世紀末起源於新奧爾良貧民區，是黑人文化與歐洲文化融合的產物；

5《搖滾舞曲》：二四拍或四四拍，西方現代流行舞曲，節奏感強，具有很強的震撼力，更適合年輕人；

6《森巴舞曲》：四四拍，源於巴西，速變適中，舞步靈活輕巧，變化性強；

7《波樂卡舞曲》：二四拍，源於捷克民間舞蹈，十九世紀後半葉風行於歐洲各國；

8《瑪祖卡舞曲》：三四拍，源於波羅的海海岸瑪祖人聚居地；十八世紀後期流行於歐洲；

9《波格涅滋舞曲》：三四拍，又名「波蘭舞曲」，源於東歐波蘭民間舞蹈，十六世紀波蘭宮廷舞蹈，後傳於西歐及中歐地區；

10《迪斯可舞曲》：二四拍或四四拍，源於黑人歌舞，與搖滾相似，速度感極強，節奏快，流行於美國。

47世界首都之最知多少？

降雪最多的首都是美國首都華盛頓，每年平均降雪量達一千八百七十公釐。

霧日最多的首都：英國首都倫敦，提起霧，倫敦霧恐怕早已為世人所了解，一年中倫敦近一年的時間都被大霧籠罩著。

綠化程度最高的首都：波蘭首都華沙，其綠化程度為人均七十平方公尺。

公共圖書館藏書最多的首都：俄羅斯首都莫斯科，共計約五千萬冊藏書。

女性比例最高的首都：芬蘭首都赫爾辛基，百分之五十六的人口是女性。

醫生最多的首都：比利時首都布魯塞爾，每一百四十人中就有一人是職業醫生。

48世界著名建築知多少？

在世界建築領域中，有些建築不僅奇特，而且規模亦堪稱建築之最。其中比較著名的有：

美國佛羅里達州中部的迪士尼樂園，佔地兩萬七千四百四十三英畝，投資約四億美元，每年接待遊客達一千二八十萬人。

美國路易斯安那州新奧爾良市的超級體育場，是最大的室內體育場。它於一九七五年建成，佔地十三英畝，高八十三．二公尺。場內吊裝有六台電視機，用來轉播比賽的畫面，觀看足球比賽可容納七萬六千七百九十一名觀眾，其座位計九萬七千三百六十五個。

最大的橋孔跨距橋，是英國的休伯愛斯塔雷大橋，主橋孔跨一千四百一十公尺。

最大的窗口，在法國巴黎國防廣場的工業技術大廳上，窗口最大寬度約為兩百一十八公尺，其最高度為五十公尺。

49世界郵票的最高面值是多少？

一般而言，郵票的面值應與其特定的實際用途相對應，但現在許多國家都發行了不符合這個原則的高面值郵票。它們分別是：

德國：一九七六年五百芬尼

瑞士：一九八四年四．五瑞士法郎

日本：一九七五年一千日圓

比利時：一九七七年一千比利時法郎

美國：一九八三年九．三五美元

英國：一九七七年五鎊

法國：一九八二年五法郎
加拿大：一九八三年五加元
奧地利：一九七五年五十先令
西班牙：一九八一年六百比塞塔
荷蘭：一九七十年十盾
澳大利亞：一九七七年十澳元

50情人節是怎麼來的？

相傳西元三世紀時，羅馬的克拉底斯大帝是個有名的殘暴好戰的君主。他不斷發動戰爭以向外擴大疆域。因此每年都要徵召大批青壯年入伍。為了讓士兵們能夠全心在戰場上作戰，他下令不許士兵談情說愛，並禁止青壯年男子結婚。當時青年人對這一禁令怒不敢言。但有一位叫聖·瓦倫丁的牧師對青年人深表同情，挺身而出，力勸克拉底斯大帝解除這一禁令，他還毅然為一些青年男女主婚。這一行為激怒了克拉底斯大帝。他下令將聖·瓦倫丁牧師處決，但全國的人都為牧師求情，克拉底斯只好改變主意而只將其判刑入獄。後來，聖·瓦倫丁牧師還是死在了獄中，這一天正好是二月十四日，他的行動感動了所有在熱戀中的少男少女，他們為了紀念這位牧師，便把二月十四日這一天定為聖．瓦倫丁節，即今天的情人節。

51母親節是怎樣來的？

早在一九〇八年時，美國維吉尼亞的一個名叫安娜．賈薇絲的婦女提出了創立母親節的建議。安娜的母親是教師，母親在講解兒女應孝敬父母時，表示希望學生中有人能想出辦法來紀念對母親的愛。後來，安娜的母親去世了，她悲傷至極之餘，想起了母親生前的那段話，決心實現母親的願望。因此，她在母親去世後不久便開始寫信給美國國會、地方州長和婦女協會等，建議創立母親節，很快便得到美國各界的支持。

一九一四年，美國總統威爾遜正式宣布：「每年五月的第二周的星期日（安娜母親去世那天）為母親節，並規定母親節那天，家家戶戶懸掛國旗以示對母親的尊重。」後來，這一節日得到世界上許多國家的認可，紛紛效仿美國，將母親節定為本國節日，至今，母親節已成為一個世界性節日。

52「星期」與「禮拜」是一回事嗎?

「星期」與「禮拜」其實並不是一回事。「星期」源於科學,「禮拜」出於宗教。

「星期」是西曆中一種特殊記日方法,它以七天為一周期,循環往復,無窮無盡。星期記日的方法早在西曆產生以前就為人們所用了,古羅馬曆法已有「七日一周」的演算法,至西元三二一年,君主坦丁大帝於三月七日正式公布成為定制,逐漸影響到世界各地,成為國際慣例。我國古代曆法把二十八宿按日、月、火、水、木、金、土的次序排列,七日為一周期,稱「七曜」。這樣的演算法與西方曆法相吻合。

「禮拜」則是基督教使用的詞。他們相信上帝七天創造了世界,耶穌七天復活的說法,因此,規定第七天舉行參拜上帝的宗教儀式,稱為「禮拜日」。

西曆「星期」的第一日為「星期日」,是公認的休息日。然而這一天與基督教的「禮拜日」恰在同一天。所以,許多人都認為兩者是一回事,其實並非如此。

53聖誕是怎麼回事?

每年的十二月二十五日是西方及信仰基督教國家紀念傳說中的耶穌誕生的節日——耶誕節。

在信仰基督教的國家中，耶誕節是一年中最重要的一個節日。

在耶誕節，人們一般採用柏、杉之類枝葉常青的具有塔形的常青樹作為裝飾品，通常會在樹上掛上各種飾物或彩燈，最重要的是還要掛上禮品。至於聖誕老人，他是西方童話故事中的一個極受兒童喜歡的角色，據稱他是個白鬚紅袍的老人，在每年耶誕節時駕著雪橇從北極來，從煙囪中進入各家分送禮物。其實，這一切不過都是後來人們改編的，最初並未有這些習慣。

54國外戴戒指有哪些含義？

戒指作為一種手飾，為大家所鍾愛，但戒指的戴法卻並不為人所注重，特別是其戴在各個手指上包含的意義。與其說是一種裝飾，不如說是一種沉默的語言，是信號或標誌。

戴在食指上——想結婚，即表示求婚；

戴在中指上——已在戀愛中，即已有情人；

戴在無名指上——已訂婚或結婚；

戴在小指上——獨身。

大拇指一般不戴戒指，若戴則不代表任何意義。

另外，結婚戒指一般不應用合金製造，必須用純金、白金或銀製成，以表示愛情之純潔。最好是專門訂製的，這樣可以將雙方的姓名刻在戒指上，使其更加具有紀念意義，成為一件永久性的紀念物。另外，在結婚戒指上若鑲寶石，最好應為鑽石，以示愛情永久不變。

55軍禮是怎樣來的？

軍禮的由來，最早應該追溯到古羅馬帝國。古羅馬帝國的騎士在巡邏相遇時，有舉起盔甲的傳統，這是為了表示敬意和騎士精神。同時，也可以向對方顯示臉部，以表明身分，防止被自己人誤殺。到了中世紀，西歐的武士們都不再用盔甲。所以舉盔甲的傳統也演變為脫下帽子或頭盔。英國資產階級革命以後，正式把脫帽敬禮的傳統改為用手接觸帽簷。英國軍人敬禮時手心外翻，表示手中無武器；雙腳合併，成立正姿勢，表示軍人的氣魄。

現代的軍禮，首先從英國陸軍開始，爾後逐漸傳遍全世界。目前，各國軍禮雖有不同，但舉手接觸帽簷這一點是通用的。

56何謂「大倫敦」？

英國首都倫敦，位於英格蘭東南部，跨泰晤士河兩岸，距河口八十八公里，為英國的政治、經濟、文化中心和交通樞紐。倫敦是一座歷史古城，於西元前四十三年修建，成為羅馬人的軍事要塞，西元七世紀，倫敦為東撒克遜王國的首都；十一世紀初，諾曼人入侵並統一了英格蘭，即以倫敦為國都。之後，隨著英國資本主義的發展，至十八世紀倫敦成為世界最大的港口城市；十八與十九世紀，它作為「大英帝國」的首都，迅速膨脹，成為世界最大的金融和貿易中心。十九世紀末，倫敦人口增加到五百萬，成為世界上人口最多的城市之一。

「大倫敦」是由倫敦城及其周圍三十二個市區組成，其半徑約三十公里，面積達一千六百零五平方公里。

靠近倫敦城的十二個市區稱為「內倫敦」，內倫敦以外的二十個市區叫做「外倫敦」，相當於一般城市的郊區。根據城市的布局與職能特點，可以將大倫敦劃分為倫敦城、西倫敦、東倫敦、港區和郊區五部分。

57為什麼把威尼斯稱為「水都」？

威尼斯位於義大利北部亞得里亞海濱，是歐洲歷史悠久的著名海港和旅遊城市。它建於西元五世紀，曾在這裡建立城市共和國，是地中海的貿易中心之一。威尼斯至今還保存許多古代藝術遺蹟，最使人流連忘返的是聖馬可廣場和聖馬可教堂。被稱為世界最美的聖馬可廣場，附近有宏偉的建築物，富麗堂皇的皇宮三面包圍廣場，使其更加輝煌。聖馬可教堂建於九世紀，內外有五百多根大理石柱，其右側為聖馬可鐘樓，高達九十九公尺，其鐘聲宏大，可傳遍全城。威尼斯建築在一百一十八個島嶼上，其間有一百七十七條河道相溝通，故也稱為「百島之城」。在這裡，許多建築均鄰水而建，市內沒有汽車，自行車或別的機動車更加少見，居民出行時，主要靠大大小小的小艇，或者是通過連接各島的四百多座樣式各異的橋樑。

58國際「三八」婦女節是怎麼來的？

一九〇九年三月八日，美國芝加哥女工為爭取自由平等，舉行大規模的罷工和遊行示威，得到廣大勞動婦女的熱烈回應和支持。這是歷史上勞動婦女第一次進行有組織的抗爭。

一九一〇年八月，在丹麥首都哥本哈根召開的第二次國際社會主義婦女代表大會上，根據德國共產主義者蔡特金的倡議，大會決定把每年的三月八日定為國際婦女日，以加強國際婦女的團結。一九一一年，德國、奧地利、丹麥、美國等國家的婦女，都在三月八日這一天集會、遊行，紀念自己的節日。從此，「三八」就成了國際婦女節。

59 蘇伊士運河是怎樣開鑿的？

蘇伊士運河在埃及東北部，全長一千六百二十五公里，是著名的國際通航運河，也是亞洲和非洲的分界線。它連接地中海和紅海，處於歐、亞、非三洲交接地帶的要衝，具有重要的戰略地位。

蘇伊士運河是十九世紀中葉法國為加強在中東的地位，爭霸印度洋，於一八五九年四月開工修築的。一八五四年十一月，法國人勒塞普斯從埃及統治者那裡取得了修建運河的特許權，簽訂了《關於修建和使用蘇伊士運河的租證合同》，並組成「國際蘇伊士運河公司」。這家公司用微薄的工資雇用幾萬埃及民工，經過十年的艱苦勞動，於一八六九年十一月將這條運河挖成通航了。一八八二年英國侵佔埃及後，蘇伊士運河被英國所控制。

蘇伊士運河的開鑿通航，使由歐洲到印度洋的

蘇伊士運河

航程比繞道非洲南端的好望角，縮短了五千五百公里至八千公里。因此，蘇伊士運河成了溝通歐、亞、非三洲最重要的國際交通要道。

60 何為《不列顛百科全書》？

《不列顛百科全書》是大型綜合性百科全書的權威，或稱《大英百科全書》。一七六八年，《不列顛百科全書》在愛丁堡初版，共三卷，至今已發行第十五版，共三十卷。一九二九年《不列顛百科全書》的版權轉讓給美國，但全書仍保持英國英語的拼法和標題設置。《不列顛百科全書》主要適用於大學文化層次以上的讀者使用，適用的材料有一定的專業性。第十五版突破了傳統百科全書的框架，以三套書組成一整套百科全書：《百科類目》、《百科簡編》和《百科詳編》。《百科類目》共一卷，是全套百科全書的結構框架，《百科簡編》共十卷，是小條目編，可以獨立使用。該簡編可為《百科詳編》提供索引。《百科詳編》又稱《知識深義》，共十九卷，是大條目編，每篇幅平均七千詞，有的篇幅長達百頁。第十五版有四千多撰稿人。

61何為《惠特克年鑒》和《金融時報》？

《惠特克年鑒》是英國著名的年鑒，提供世界各國，特別是英國各領域的資訊和資料，題材十分廣泛。該年鑒還包括具體的天文資料。約瑟夫．惠特克於一八六八年首次出版發行該年鑒，至今仍由創辦的惠特克父子公司出版。

《金融時報》創辦於一八八八年，由金融家H．博頓利在倫敦創辦，該報提供最新金融資訊和公司新聞，保持獨立的社論觀點，有時也抨擊英國政府的金融政策，為英國高品質報紙之一，深受企業界和金融界人士好評。該報是英國每天提供倫敦股票交易所全部行情的唯一日報。《金融時報》慣用粉紅色紙張印刷。

62柯南．道爾是誰？

柯南．道爾，英國著名偵探小說大師，他創作的福爾摩斯探案故事風靡全球。他一八五九年出生於愛丁堡一個愛爾蘭家庭，一九〇二年受封為爵士，一九三〇年去世。柯南．道爾學醫出身，當過醫生，但他主要興趣在寫作上。一八八七年他發表《血字研究》，福爾摩斯首次亮相。同年他還發表了他的第一部歷史小說，但他的偵探小說超出了他寫的歷史小說的出色才華。福爾摩斯是柯南．道爾根據愛丁堡一位善於推理的教師為原型塑造的偵探，他的搭檔是善良的華生醫生，他的主要敵人是莫里亞帝教授。英美及一些歐洲國家成立了許多「福爾摩斯協會」，狂熱崇拜這位小說中的偵探。然而柯南．道爾對福爾摩斯表示厭倦，讓他和莫里亞帝在懸崖上決鬥時同時墜崖身亡。福爾摩斯之死引起讀者強烈不滿，柯南．道爾只得讓他巧妙復活。

柯南．道爾作品

63克里斯蒂是誰？

克里斯蒂是英國著名的偵探小說女作家，生於一八九一年，一九七六年去世。她早年學習聲樂想唱歌劇，但因音質不佳而放棄。她母親鼓勵她從事寫作，她在一九二〇年發表了第一部偵探小說《斯諾雨茲的神秘案件》。她的作品已暢銷一億冊以上，有七十五部長篇小說列入暢銷書。劇本《捕鼠器》在倫敦大劇院上演二十一年之久，共八千八百六十二場，創一個劇院連續上演的世界紀錄。她獲得「犯罪女王」的美稱。她筆下的偵探是矮胖的比利時人波洛，波洛偵探以依靠心理分析探案而著稱。在克里斯蒂的後期作品中，她塑造了一個年長的女偵探馬普爾小姐。克里斯蒂在小說中用事實和假像布疑陣，讓讀者去猜凶手。同時她還寫了一些有異國情調的偵探小說，如《尼羅河上的慘案》（一九七三年）等。

64 何為「路透社」？

路透社是英國最大的國際通訊社，全名為Reuter's News Agency。該社有近一千五百名記者，其中近一半記者被派往世界一百八十多個國家和地區進行新聞採訪，並且在近一百多個國家設有記者站，派有常駐記者，不斷從國外向本國總部發回新聞。到目前為止世界上共有近一百六十個國家的報社訂購和長期採用路透社的新聞。路透社於一八五一年在倫敦創立，其創始人為英籍德國人保羅．萊利葉斯．路透（Paul Julius Reuter，一八六一—一八九九）。

65 何為「BBC」？

「BBC」即英國廣播公司，創立於一九二二年，起初是以私人企業形式成立的。一九二七年起「BBC」受政府控制，但能獨立自主地開展業務活動，特別是在方針制定和節目編排方面有自主權。英國廣播公司持有皇家特許狀，其日常工作由女王任命的董事總管理。一九三六年，BBC創辦了世界上最早的正式電視廣播。一九七六年，開創了歐洲第一個經常性的彩色電視節目。BBC的資金來源於電視機擁有者所付的牌照費。該公司向英國提供千套無線電廣播網；節目內容包括新聞、輕音樂、流行音樂等，並通過兩個電視頻道向全國播放電視節目。另外，英國廣播公司還通過BBC World Service向全世界發送廣播節目。

66美國紅十字會的創始人是誰？

芭頓，美國紅十字會的創始人，一八二一年生於麻塞諸塞州，一九一二年去世。她十五歲成為教師。一八五四年，她遷往華盛頓，任政府機關的職員，南北戰爭期間，她自願做護士，不顧個人安危，親臨前線，勇敢地為受傷士兵送食品和繃帶。一八六五年，她組織了一個檔案局，幫助尋找在戰爭中「下落不明」的士兵，完成了一萬二千多名士兵的墓穴的驗明紀錄工作。一八七〇一年普法戰爭期間她又去法國，為斯特拉斯堡和巴黎受饑餓的人們分發救濟物資。一八七三年，她回到美國，為促使美國加入於一八六四年在瑞士成立的紅十字會而積極工作。一八八一年，美國全國紅十字會創立，她擔任第一任主席直至一九〇四年，她曾負責世界各地紅十字會和平時救濟工作，其中著名的有：一八八七年的佛羅里達的黃熱病，一八八九年的賓夕法尼亞州約朝斯敦的水災，一八九一年俄國的饑荒，一九〇〇年的加爾維斯頓的颶風等災難的救濟活動。克拉拉・芭頓還曾寫過幾本有關紅十字方面工作的書，其中有《紅十字會史》和《平時和戰時的紅十字會》，她的自傳《我孩童時代的故事》中的一部分於一九〇七年發表。

67何為「百老匯」？

百老匯（Broadway）是美國紐約市貫通曼哈頓區的一條大街，長達二十九公里，在這條大街上設有許多劇場、戲院、舞廳和夜總會，是美國娛樂業的中心地帶，就像好萊塢成為美國電影業的象徵一樣，百老匯也成為紐約市戲劇業的象徵。

68迪士尼樂園是怎麼建立的？

華德・迪士尼，美國著名的動畫片製作家，電影史上偉大的先驅者之一。一九〇一年生於美國伊利諾斯州芝加哥市。一九六六年去世。最初，迪士尼繪畫幻燈片，供電影院換片之餘時用作廣告。他經常畫一些活潑的小動物，其中有一隻老鼠，經常作為

華德・迪士尼

其動畫的主角，幾年以後，他創作了以這隻取名為「米老鼠」的老鼠為主角的一系列動畫片。一九二八年，影片配上了聲音與音樂，「米老鼠」隨之風靡全國。爾後，「米老鼠」的夥伴「唐老鴨」等相繼問世。一九三三年，他創作的《三隻小豬》，轟動一時。之後，他又創作了《白雪公主和七個小矮人》、《木偶奇遇記》、《灰姑娘》等兒童故事動畫片的經典傑出的作品。二十世紀五〇年代初，他開始設計「迪士尼樂園」，一九五五年，樂園終於在美國加利福尼亞州的阿納希姆市竣工，佔地六十五公頃。其設施俱全，形式豐富，別具匠心，成為國際遊覽勝地。

迪士尼樂園的城堡入口

69感恩節是怎麼來的？

感恩節是美國的全國例行假日。至於它的由來，要追溯到一六二一年，當年一批清教徒乘坐「五月花」號來美洲尋求宗教自由，他們在今天的麻塞諸塞州的普利茅斯登陸。約一半的人在第一年冬天中的酷寒中死去。爾後，當地印第安人教他們怎樣種玉米以及其他作物。春季來臨的時候，他們開始播種，那年秋天，地裡的作物得到了意外的豐收，普利茅斯總督布雷德福便邀請附近的印第安人舉行了一天的狂歡活動，感謝上帝的恩惠。一七八九年十一月二十六日，華盛頓總統規定該日為感恩節。一八六三年林肯總統選定每年十一月的最後一個星期四為感恩節，並宣布該日為固定假日。一九四一年，佛蘭克林·羅斯福總統批准國會兩院通過一項法令，改為十一月的第四個星期四為節日。

70哥倫比亞廣播公司的由來？

哥倫比亞廣播公司是美國三大全國性商業廣播電視網之一。創辦於一九二八年，其總部設在紐約，擁有五家全國性電視臺、全國性廣播電臺，該公司的新聞報導以報導事實為主，是非曲直由聽眾判斷為特點，很少自己主觀評論，所以它的新聞廣播居權威地位。第二次世界大戰後，其一躍成為BBC的最大競爭機構。目前該公司在三大廣播電視網中居第二位。

71華盛頓紀念塔是怎樣來的？

華盛頓紀念塔，位於美國首都華盛頓，全稱為華盛頓國家紀念塔，是一座巨石方尖塔，為紀念美國第一任總統喬治華盛頓而建，現已成為美國首都華盛頓的主要標誌之一，吸引了世界各地大量的遊客。紀念塔高約一六九．三公尺，是世界上最高的磚石建築之一，塔尖部分是四稜錐狀，由大而小逐漸縮短的四面體塔身底面積約十六．九平方公尺，四棱錐塔尖面積則為十平方公尺左右，整座塔重八．一萬噸，外部全由白色大理石構成，並嵌有一百九十塊經過雕刻的石頭，分別來自個人、本國五十個州和其他國家。塔身內部有八百九十八部鐵梯，並備有一架電梯，可以開至塔尖頂部的一個瞭望室，遊客們可從這裡俯視華盛頓全景。此塔建築過程中頗費周折。早在一七八〇年有人建議為華盛頓修建紀念碑，一八四八年國會批准了這一提議，由民間集資。一八四八年七月四日舉行奠基儀式，以後工程進展緩慢，又由於缺乏資金以及政見不一，曾一度停工，直至一八八四年十二月六日才告完工。一八八五年二月二十一日舉行落成典禮，一八八八年十月九日正式對外開放。

72加利福尼亞印第安人是怎樣的？

加利福尼亞印第安人泛指美國加利福尼亞州境內各土著民族，該地區也是現北美人口最多的原始居民文化區之一。和西半球其他地區的印第安人一樣，加利福尼亞印第安人也是大約在一萬五千~三萬年前，也就是最後一個冰期時從亞洲來闖美洲的。他們有自己的部落，主要靠採集食物和捕獵為生。由於地理位置的緣故，他們各部落之間和其他人種之間幾乎沒有什麼交流，似乎被完全隔絕了，所以他們的舊石器時代文化特徵一直保留了八千多年，直到西班牙人到達美洲大陸，他們才真正開始與世界溝通。

印第安人

73美國堪薩斯市爵士樂風格是怎樣的？

爵士樂發展史上，堪薩斯市的風格獨樹一幟，是美國西南部的一種流派。歷史上，曾有許多評論家認為堪薩斯市的爵士樂並不像許多人以為的那樣比新奧爾良晚許多。由於受大蕭條的影響相對較輕，堪薩斯市保留了繁華的夜生活，它的爵士樂即席演奏曾吸引過許多一流的音樂家，而觀看舞蹈的觀眾則為這一切營造了良好的氣氛，大大地刺激了音樂的發展。堪薩斯市爵士樂風格與其說是一種風格，倒不如說是一種態度，這種態度模糊到只能簡單地以「鬆弛」來加以形容。編配簡單、切分音的使用和即興重覆樂段是其主要特點。一些評論者認為用薩克斯管為鋼琴獨奏作背景這種非正統的手法也是從堪薩斯市開始的，堪薩斯市後來在傳播以康特・貝斯為代表的那種百老匯大樂隊的形式方面起了重要作用。

74「垮掉的一代」是指什麼?

這是美國二戰後五〇年代初出現的一種社會現象和文化現象，被認為是現代主義文學流派之一。「垮掉的一代」的主要代表人物有：詩人艾倫・金斯伯格、格雷戈里・考爾索以及他們在舊金山的出版發行者勞倫斯・弗林蓋帝和小說家傑克・凱魯亞克。

「垮掉的一代」反叛社會，否定高雅文化。「垮掉」指的是在時代文化的壓迫下，一代人整體的厭倦、沮喪的精神狀態。他們試圖借助一切消極的手段，如酗酒吸毒、禪宗佛教等來達到精神上的興奮、癲狂與極樂。「垮掉的一代」在文學上主張藝術的「自我表現」，不加粉飾地描繪「赤裸裸」的各種現象。作為一場文學運動，它們存在的時間很短。然而，無論從創作主題，還是從作品形式上看，六〇年代和七〇年代不少作家都受其影響。

75「迷惘的一代」是指什麼？

這是一戰後美國出現的一個文學流派。僑居在巴黎的美國女作家斯坦因曾指著海明威說：「你們都是迷惘的一代。」海明威引用此語作為著名長篇小說《太陽照樣升起》的題詞，這個流派也因此而得名。他們的代表人物是以斯坦因為首的美國旅歐作家圈。他們作品中的人物心情苦悶，企圖以各種方法來解脫精神的痛苦，從而從戰爭的殘酷中得以解脫，然而愛情與友誼的毀滅卻使他們陷入更深的悲觀失望情緒之中。

殘酷的戰爭粉碎了先前的倫理觀念和人生理想，青年一代惘然若失。「迷惘的一代」的作家通過對這些人物形象的塑造，來反映第一次世界大戰之後歐美青年理想幻滅的精神悲劇。

76總統紀念碑是怎樣的？

拉什莫爾山國家紀念碑位於南達科他州西南的布萊克山區，以其山體外露的花崗岩層上雕刻的四座美國總統像而聞名於世。

在拉什莫爾山的東北面外露的花崗岩層上雕刻著四座美國總統的頭像，每座約高十八公尺，氣勢宏偉。這四位總統分別是：喬治·華盛頓、托馬斯·傑弗遜、亞伯拉罕·林肯和西奧多·羅斯福。他們分別代表了美國的創建、政治哲學思想、民族團結和對外擴張。整個工程是國會批准，由聯邦政府集資而興建的，具體由著名藝術家古特森·波克蘭姆設計並監造。

77何為「藍色法規」？

藍色法規是美國歷史上一些清教徒組織頒發的約束人們在星期日行為的法規。當今美國的藍色法規主要針對零售商，法規禁止他們在星期日出售某些特定的商品。「藍色法規」之名據說是因為當初新英格蘭殖民者在藍色紙張上書寫這類禁令而起。在麻塞諸塞州和其他一些地方，法規嚴禁人們在星期日飲酒，同時也禁止人們在星期日工作、娛樂或旅行，維吉尼亞一條法令授權當地民兵可以利用武力確保每個公民做禮拜。在十九世紀和二十世紀早期，州和地方政府就開始立法控制飲酒，大多數州至今仍限制人們在星期日賣烈性酒，其中一些州和地區仍禁止星期天商業活動。一九七七年，麻塞諸塞高等法院確認了該州藍色法規的合法性。不過在紐約州，高等法院卻宣告這類法規與憲法精神相悖而不予確認。

78 二十世紀中後期美國出現的「嬉皮士」和「雅皮士」分別指什麼？

嬉皮士是指二十世紀六〇年代反正統文化的美國青年。第二次世界大戰之後，美國國內政治空氣窒息，思想文化僵化。不少青年人面對節奏不斷加快的生活產生了種種「異化」的感覺，人與大自然異化、個人與社會之間的異化以及人與人之間的異化。他們不顧社會準則和傳統觀念，提倡政治上和生活方式上的極端自由。他們試圖借助毒品、情欲以及瘋狂的音樂來擺脫內心的焦慮與空虛。然而，在正統文化的反擊下，這種反文化的喧鬧很快變成了過眼雲煙，嬉皮士作為一大批青年的形象也隨之消失了。

雅皮士是指二十世紀八〇年代一批追求個人奮鬥、謀求安逸生活的美國青年。他們往往受過良好的高等教育，精力充沛，不受傳統思想的束縛，謀職於政、商、學界的重要崗位。雅皮士是繼六〇年代、七〇年代初動盪不安的美國社會生活之後的一種反逆社會現象，雅皮士既反映了「管理革命」的結果，也反映了美國社會階層的變遷。在美國，四萬的雅皮士形成了一個新的社會權貴階層。

79什麼是「西部片」？

美國描寫十九世紀開發西部時期的電影被稱為西部片。西部片以一九〇三年的《火車大劫案》為開始標誌，到三〇、四〇年代達到高潮。影片主要表現西部開發時期白人與印第安人之間的矛盾及艱苦而又富於傳奇色彩的生活。復仇主題是西部片的傳統模式。影片故事多發生在廣漠的荒原、沙丘和偏僻的小鎮上，其中的人物多為所謂的「西部牛仔」，影片同時又具有濃厚的個人英雄主義色彩，「西部牛仔」多為智勇雙全的俠膽義士。他們厭惡權貴，同情廣大平民，通常劫富濟貧或為民除害，所以深得廣大下層人民的喜愛。另外，西部牛仔的英雄形象也深深地影響了一代美國青年。在西部片中，著名西部片導演約翰．福特的影片《關山飛渡》算是經典之作。

80搖滾樂是如何出現的？

搖滾樂是一種以強烈的節奏為特點的流行音樂，它出現於二十世紀的五〇年代。它是由白人歌手根據一種傷感的美國黑人民歌改編而成的音樂形式。當時的流行歌手埃斯．普雷利斯、埃弗利兄弟、小理查和查克．貝里等就以演唱搖滾樂而聞名。六十年代初，「甲殼蟲」樂隊的出現為搖滾樂注入了新的活力。之後，許多搖滾演唱組紛湧而現，主要有強節奏和慢節奏兩種風格，前者以滾石樂隊為代表，後者以BG樂隊為代表。六〇年代中期，與當時的吸毒熱有關的「滾石」搖滾樂頗受青睞。「甲殼蟲」樂隊的一張名為「佩珀下士」的唱片使這種風格盛行起來，當時的傑弗遜演唱組和歌手吉米・亨德利克斯因擅長演唱這種風格而聞名。到七十年代，大批獨唱演員因演唱搖滾樂而走紅，鋼琴家兼歌手詹姆斯・泰勒便是其中一例，而弗蘭克・札柏和他的「發明之母」演唱小組又使搖滾樂具有諷刺時弊的特點。

81 自由女神像的來歷？

自由女神像

自由女神像，高四十公尺，重兩百零五噸。原先被稱作「自由引導世界」之神，是法國人民在一八七六年美國百年慶典時送給美國人民的賀禮。該雕像的外層嵌有銅板，外部由法國雕塑家弗雷德里克・奧古斯托・巴托爾設計。整座銅像塑造了一個具有古典藝術風格的女性，身披長袍，頭帶七星王冠，右手高舉一支火炬，左手拿著一塊銘牌，上面刻有七．四．一七七六（即美國獨立日），腳下是被打碎了的腳鐐。銅像的內部構造是由古斯德夫．艾菲設計的，以四個巨大銅柱為主幹。銅像是由法國人民集資在法國建造，由船運往美國的，而銅像基座則是由美國人民集資建造的。銅像坐落於上紐約灣自由神島上，一個多世紀以來它一直作為美國人民嚮往自由，追求美好生活的象徵，也成為美國的象徵。

82「二元文化」是指什麼?

「二元文化」指加拿大的兩種主要文化，它們分別以英語和法語為其語言。雖然這一詞語出現不久，但二元文化的思想由來已久。一七六九年，英國征服魁北克後，英國當局仍允許法裔加拿大人使用法語，保留其民法制度，允許羅馬天主教享有自主權。以後上加拿大和下加拿大合併為一省，法裔加拿大人又聯合成一體，議會也承認法語是一種官方語言，並保護加拿大東部地區的法語教育，因此，加拿大法屬文化不斷發展。魁北克省加入聯邦後，加拿大法屬文化的發展仍然得到保護。但到了二十世紀六十年代，法裔加拿大人對法語在加拿大的地位和魁北克在加拿大的地位極為不滿，加拿大法屬文化的發展面臨重重障礙，英語和講英語的公民在魁北克的工商界佔了主導地位，講法語的公民在聯邦政府機構中的就業困難重重，魁北克省以外講法語的公民的處境更是艱難。為此，於一九六三年成立了《雙語、二元文化皇家委員會》，委員會對兩種文化的狀況作了調查，提出了一些具體改進措施。此後，加拿大法屬文化又有了新的發展，在教育、文學、電視和電臺廣播、電影方面的發展成績顯著。講法語的公民也擔任了企業要職，但是，兩種文化是否應該享有同等的機會仍是人們現在爭論不休的問題。

83 英國國旗是何時開始使用的？

英國的全稱為大不列顛及北愛爾蘭聯合王國，其國旗是由英格蘭的「聖喬治十字旗」、蘇格蘭的「聖安德魯十字旗」和北愛爾蘭的「聖帕特里克十字旗」的主要部分組成。Union是指一六〇六年英格蘭和蘇格蘭的統一體，Jack是指懸掛在艦首表示國籍的小旗子。最初設計英國國旗時，英格蘭已包括威爾斯，故所以在國旗上沒有代表威爾士的標誌。英國國旗於一八〇一年開始使用。

英國國旗

84「羅賓漢」是誰？

羅賓漢是英國傳說中的綠林好漢，傳說其生活在中世紀，出沒在舍伍德森林中，他劫富濟貧，替天行道，慷慨俠義。羅賓漢武藝高強，但也常被過路的好漢所擊敗，但由於他的豪爽與講義氣，這些驍勇之士皆願跟隨他效力。羅賓漢的故事在十四世紀晚期或十五世紀早期開始流行，他的成文形式第一次出現在《農夫皮爾斯》中，有關羅賓漢的文學作品層出不窮，但對羅賓漢是否確有其人爭論不一，一些人認為他只是文學作品中塑造出來的人物；一些人則認為他是攻擊諾曼入侵的撒克遜英雄；還有人認為他是反抗愛德華二世的約克郡起義軍戰士。

85美國的「白宮」和「大衛營」是怎樣的？

白宮，位於美國首都華盛頓賓夕法尼亞大街，是美國總統的正式官邸，始建於一七九二年，一八〇〇年落成，一八一四年曾被英國人摧毀，其後三年間進行重建和擴建。美國第二十六屆總統西奧多·羅斯福首先使用「白宮」這一名詞，後來便成為了美國政府的代稱。白宮佔地九千七百一十二畝，包括主樓和東西兩翼，共一百三十二個房間。總統通常在主樓底層的大廳裡會見外國元首和使節，大廳正前方的南草坪是舉行歡迎儀式的地方。主樓兩翼是辦公區，總統的橢圓形

白宮

辦公室設在西翼內側。二樓為總統全家居住的地方。

大衛營，位於馬里蘭州北部，離首府華盛頓約一百一十五公里，面積為八十一公頃，是美國總統的官方休養地，於一九四二年由佛蘭克林・羅斯福總統建立，並由軍隊管理。一九四五年由杜魯門總統正式定為總統休養地。大衛營之名起自艾森豪威爾之孫大衛。美國總統經常在這裡接見外賓，並在這裡舉行談判和達成協定。

86馬丁・路德・金是怎樣一個人？

馬丁・路德・金是美國黑人運動的著名領袖。一九二九年一月十五日，他生於美國喬治亞州亞特蘭大市的一個黑人牧師家庭。一九六八年四月四日遇刺身亡。金十五歲進大學，曾獲得文學學士學

馬丁・路德・金

位、神學學士和博士學位。在爭取種族平等的鬥爭中，金被選為「蒙哥馬利改進協會」領袖，為取消當地的公共汽車上的種族隔離政策做出了積極的貢獻。爾後，他還建立了「南方基督教領袖會」，並當選為該組織的主席，為各州開展爭取黑人自由的鬥爭到處奔波。一九六三年四月二日，金在伯明罕發動了反對公共設施種族隔離的運動。在伯明罕運動的影響下，該年約九百座美國南部城市也採取類似的非暴力行動，取得了一定的成果，其中二百六十一座城市取消了種族隔離。馬丁・路德・金訪問過印度、非洲等地，他的主要著作有：《調步走向自由：蒙哥馬利城的故事》（一九五八年）、《為什麼我們不能等待》（一九六四年）、《從這裡我們往何處去，混亂還是共用？》。馬丁・路德・金在抗爭中，一直採用非暴力的手段，用和平的方式爭取黑人的合法權益。一九六四年，他獲得了諾貝爾和平獎，從而享有世界盛譽。一九六八年四月四日金遇刺身亡。從此在美國，每年的一月十五日是馬丁・路德・金紀念日。

87 美國為何被稱為「山姆大叔」？

「山姆大叔」作為美國的綽號，其來源有不同的傳說，最普遍的一種說法是：一八一二年英美戰爭時，美國政府在物品箱子上蓋上了U.S.的標記，表明是美國的財產。那時在美國紐約特羅城有一個檢查軍事訂貨的軍官，名叫山姆．威爾遜，當地人都叫他山姆大叔（Uncle Sam），碰巧，山姆大叔的英文縮寫也是U.S.，於是當地人開玩笑說這些箱子都是山姆大叔的，慢慢地人們在看到U.S.標記時都認為是山姆大叔。最後，人們就把山姆大叔當作美國的綽號，並把山姆大叔的形象描繪成一個滿頭白髮、頭戴星條高帽、蓄著山羊鬍子的老人。一九六一年，美國國會通過決議，正式以「山姆大叔」作為美國的象徵。

88 「超級市場」是從什麼時候開始興起的？

超級市場，即新型的大型商品自選商場，出現於二〇世紀三〇年代的美國。它的銷售方式和技術與傳統的商品零售相比有較大的變化，一般而言，超級市場設在鬧市區或交通主幹道旁，擁有大型停車場，市場場地面積大，經營品種齊全，規格劃一，在七、八〇年代便經營近萬種商品，故消費者在超級市場內可買到所有需要的商品。另外超級市場的商品通常價格較低，這是因為，超級市場的貨源都是直接從廠家訂購，少了中間不必要的手續和步驟，降低了成本。超級市場的另一大特色便是商品的開架選購，店家只需將商品按類擺放在貨架上，並標明價格，由顧客自己挑選商品，這樣做一方面有利於顧客自由地選購所需商品，另一方面也為店家節約了人力資源，可謂兩全其美。所以超級市場很快便發展起來，而且傳至世界各地，在美國每年超級市場的銷售量佔全美食品雜物銷售量的四分之三。

89 希區考克情節是指什麼？

希區考克是世界著名電影藝術大師。他一八九九年出生於倫敦，一九八〇年去世。一九二五年在英國拍攝了處女作《歡樂圖》。一九三九年應邀去美國好萊塢發展，後定居美國。在好萊塢的四十年中，他所導演的許多影片被公認為經典佳作，如《蝴蝶夢》、《精神變態者》、《疑影》、《三十九級臺階》、《群島》等。其中《蝴蝶夢》被評為第十三屆（一九四〇年）奧斯卡最佳影片獎。希區考克善於在影片中製造懸疑，使影片情節曲折多變，風格獨特，被譽為「懸疑大師」。後來人們就將希區考克作為懸疑的代名詞，將一些不可琢磨的狀況稱為希區考克。一九六八年美國電影藝術和科學學院授予希區考克「歐文泰伯紀念獎」，一九七九年該院又授予他「終身成就獎」。第二年，由於他在好萊塢電影界乃至世界電影界的影響，一九八〇年英國女王授予他爵士稱號，以表彰他對世界電影的貢獻。

90「蜜月」是怎麼來的?

「蜜月」習俗來源於古時候的愛爾蘭。

那時的愛爾蘭，有一種風俗，新婚男女喜慶之夜，由本部落內的首領舉行賜酒祝福儀式。酒是以蜂蜜為主要原料釀製而成的，甜美可口。由於蜜蜂勤勞、團結，所以以此象徵民族特性，意蘊深刻。而蜂蜜甘美甜潤，象徵新婚男女今後生活幸福美滿。同時，蜂蜜有滋補身體，增強體質的效用，顯示了長輩對下一代的關心與愛撫。新婚之夜喝了蜂蜜釀製的酒後，新婚夫婦第二天便開始了為期一個月的新婚旅行生活。這種風俗相沿成習，時間久了，人們便把新婚男女喝蜂蜜酒以及一個月的旅行生活，稱為「蜜月」，後來傳至很多地區，那些地方也紛紛效仿。

國家圖書館出版品預行編目資料

西方文化地圖／黃小燕著； -- 一版. -- 臺北市：
大地, 2005〔民94〕
冊；　公分. -- （History；9-10）
ISBN 986-7480-26-0（上冊：平裝）. -ISBN
986-7480-27-9（下冊：平裝）.
1. 文化史－問題集
713.022　　94009153

西方文化地圖（下）

History 10

作　　者：黃小燕
發 行 人：吳錫清
主　　編：陳玟玟
封面設計：呈祥設計印刷工作室
出 版 者：大地出版社
台北市內湖區內湖路二段103巷104號
劃撥帳號：○○一九二五二～九
戶　　名：大地出版社
電　　話：（○二）二六二七七七四九
傳　　真：（○二）二六二七○八九五
印 刷 者：普林特斯資訊有限公司
一版一刷：二○○五年六月

定　　價：250元

E-mail：vastplai@ms45.hinet.net　　Printed in Taiwan